Fritz von Ostini
Böcklin

SEVERUS

Von Ostini, Fritz: Böcklin
Hamburg, SEVERUS Verlag 2014

ISBN: 978-3-86347-918-3
Druck: SEVERUS Verlag, Hamburg, 2014
Nachdruck der Originalausgabe von 1904

Der SEVERUS Verlag ist ein Imprint der Diplomica Verlag GmbH.

Bibliografische Information der Deutschen Nationalbibliothek:
Die Deutsche Nationalbibliothek verzeichnet diese Publikation in der Deutschen Nationalbibliografie; detaillierte bibliografische Daten sind im Internet über http://dnb.d-nb.de abrufbar.

© SEVERUS Verlag
http://www.severus-verlag.de, Hamburg 2014
Printed in Germany
Alle Rechte vorbehalten.

Der SEVERUS Verlag übernimmt keine juristische Verantwortung oder irgendeine Haftung für evtl. fehlerhafte Angaben und deren Folgen.

Böcklin

Von

Fritz v. Ostini

Mit 106 Abbildungen

Flora. Nach der Aquarellgravüre im Verlage von Franz Hanfstaengl in München. (Zu Seite 94.)

Arnold Böcklin.

Als im Jahre 1893 Verfasser dieser Zeilen den Auftrag erhielt, für die Monatshefte von Velhagen & Klasing einen kurzen Aufsatz über Böcklin zu schreiben, mußte er zu seinem Staunen erfahren, daß nahezu gar kein Material über den großen Künstler der Oeffentlichkeit vorlag, daß über ihn überhaupt fast noch nichts geschrieben worden war. Und es wird doch so viel geschrieben in deutschen Landen! Sechsundsechzig Jahre alt war Meister Arnold und noch hatte ihn die deutsche Publizistik nicht entdeckt und jener Aufsatz in den „Monatsheften" hat wirklich zu den allerersten Publikationen gehört, die einiges Material über das Leben Böcklins brachten. Es war nur Dunkles und Sagenhaftes über ihn zu hören. So still und menschenfern war der starke, zielsichere Schreiter seinen Weg gegangen. Es gab freilich auch damals der Leute genug, denen sein Schaffen die Schauer seltenster und reinster Kunstoffenbarungen bot, die vor jedem neuen Werk Böcklins mit leuchtenden Augen standen; es gab ihrer auch schon, die ihn so hoch zu schätzen wußten, daß ihnen das Fremdartigste, was er bieten mochte, von vornherein über alle Kritik erhaben war. Aber diese Leute waren noch eine Gemeinde, kein Publikum. Für die breiten Massen war er noch nicht entdeckt, der Künstler Böcklin und vom Menschen Böcklin wußte man schon gar nichts. Gustav Floerke wisse was, hieß es, er habe auch reichlich Material gesammelt und solle „das Böcklinbuch" schreiben — aber geistige Krankheit drohe ihn immer tiefer zu umnachten. Und so mußte mühsam, Zug um Zug jedes Lebensdatum aus verstreuten und oft unsicheren Quellen zusammengelesen werden.

Wie ganz anders liegt die Sache heute, elf Jahre später! Böcklin ist in einer Weise populär geworden in Deutschland, als wäre er schon ein halbes Jahrhundert lang für das Volk gewonnen. Er ist populärer geworden, als irgendein anderer Künstler seiner Zeit. Es wird bei uns bald keinen Haushalt gebildeter Menschen mehr geben, in dem nicht Nachbildungen seiner Werke zu finden sind. Die Preise seiner Bilder sind im Kunsthandel mit an die allererste Stelle gerückt. Für alle künstlerischen und ästhetischen Menschen stand sein Ruhm schon vor acht Jahren außer Frage. Ja, was ein echter Snob ist, der fängt bereits wieder an, über Böcklin zu schimpfen. Andere wissen freilich, daß sie ihn sich immer noch nicht ganz zu eigen gemacht haben, ihn, der so reich ist und so tief in seiner Kunst, daß man viele seiner Bilder überhaupt nie ausschöpfen kann im Genusse. Band um Band erscheint jetzt, worin ehemalige Freunde des Meisters ihre Beobachtungen niederlegen und es ist ein großes Glück, daß treffliche Beobachter unter jenen sind. Gustav Floerkes Material hat dessen Sohn herausgegeben; „Zehn Jahre mit Böcklin" heißt das Buch, das mit Jubel begrüßt ward, gab es doch zum ersten Male ein lebendiges, farbiges Abbild des großen Menschen. Denn ein großer Mensch war er auch, der große Maler! Rudolf Schicks Tagebuchaufzeichnungen wurden herausgegeben; mit einer trockenen

Abb. 1. Landschaft mit Burgruine. 1847. (Zu Seite 14.)

aktenmäßigen Sachlichkeit, in der nun auch wieder ihr spezieller Wert liegt. „Eckermannsche Hingebung und Wahrheitsliebe" nennt Hugo von Tschudi mit glücklichster Charakteristik die Art, mit welcher jener junge Berliner Künstler in den Jahren 1864—1869 jedes Gespräch mit Böcklin aufzeichnete und so namentlich auch dessen enormen Schatz an technischen Erfahrungen für die Nachwelt rettete. Dann brachten die Tagebücher von Otto Lasius reiche Aufschlüsse über das Innen= und Außenleben des Künstlers in dessen glücklichster Periode, dem Züricher Aufenthalt der achtziger Jahre. Das vierbändige, großartige Böcklinwerk der Photographischen Union in München erschien und Heinrich Alfred Schmid hat nicht nur eine Menge neuen Materials im biographischen Teil des vierten Bandes beigebracht, er hat mit aufopferndem Sammel= und Forscherfleiß in dem ausführlichen, immer wieder verbesserten Bilderkatalog des Werkes eine unendlich wertvolle Übersicht über das Schaffen Böcklins eröffnet; eine Arbeit, die an kunstgeschichtlichem Wert jede andere Böcklinpublikation weit überbietet. Henry Mendelsohn hat eine Böcklinbiographie herausgegeben und zuletzt hat Adolf Frey seinen „Arnold Böcklin" geschrieben, von allen Böcklinbüchern jenes, das uns des großen Menschen Bild am lebendigsten erstehen läßt. Es bleiben wenige Episoden mehr unerforscht in seinem Leben — am meisten noch seine erste römische Zeit, von der aber vielleicht wirklich nicht allzuviel zu berichten ist. Heute liegt also über Böcklin ein Material vor, wie wir es vielleicht über keinen zeitgenössischen Meister besitzen; sein Schicksal und Gemütsleben, seine künstlerischen Prinzipien und Ziele sind ebensowohl bekannt, wie seine technischen Geheimnisse, seine handwerklichen Erfahrungen. Die letzteren bedeuten einen Schatz, der nicht hoch genug gewertet werden kann. Ist doch wohl in der ganzen neueren Kunstgeschichte — ich möchte kühn genug sein zu behaupten: seit dem Cinquecento — keiner gewesen, der seiner Wirkungen als Maler so sicher war, durch angeborenes Genie wie durch unablässiges üben und Forschen, der die Harmonielehre und Physiologie der Farbe so gut kannte, wie er! Ihm hieß freilich Malen etwas so ganz anderes, als denen, die heute darunter die unmittelbare Wiedergabe eines farbigen Natureindrucks verstehen, daß man sich nicht wundern darf, wenn heute die Fanatiker des Impressionismus die Fühlung mit Böcklin schon wieder verloren haben. Er hat die Natur vielleicht intensiver studiert, als irgendein Zeitgenosse, in seiner Kunst erscheint sie immer umgewertet und ökonomisch verarbeitet. So wird er allerdings zum Antipoden der Impressionisten und steht ebenso weit von ihnen ab, wie ein Rogier van der Weyden, oder ein van Eyck. Und so hat es kommen können, daß einer ihrer Herolde einem Böcklin „schlechte Malerei" nachsagte.

Solche Stimmen aber sind in Deutschland vereinzelt genug und können den gewaltigen, nie dagewesenen Ruhm nicht um einen Schatten verdunkeln, den der Name, die Kunst Böcklins im letzten Dezennium errang. Vor allem in Deutschland — das Ausland versteht ihn ja wohl noch nicht und ganz besonders die Romanen, die Franzosen stehen fremd vor ihm. Sie finden in ihm weder die große akademische Linie noch in der Malerei das, was sie für die Feinheit des Metiers halten: den flotten Stich und die spielende Eleganz. Und dann ist er ja so deutsch! Aus deutscher Art ist sie geboren, an den Brüsten der Antike ist sie genährt, diese in ihrem innersten Wesen seltsam schwer zu definierende Kunst. Ihre Heimat läßt sich überhaupt schwer bestimmen, ist doch Böcklin bei den Deutschen, den Belgiern und den Franzosen der Reihe nach in der Schule gewesen — in Italien hat er sich schließlich gefunden und hat trotzdem der italienischen Kunst nichts verdankt, ja sie sogar ziemlich gering geachtet. Die wahre Heimat seiner Kunst war eben in ihm selbst. Er war die stärkste künstlerische Persönlichkeit und der reinste künstlerische Wille, den wir uns denken können, er war alles, was er war, aus sich heraus geworden, er lebte und webte nur für die Kunst, seine ganze Weltanschauung dreht sich um sie oder ging von ihr aus. Floerke hat das schöne, oft zitierte Wort gesagt: „Er ist eine durch und durch einheitliche Persönlichkeit geworden, die ihre ganz bestimmte Straße geht, sonntägliche Wege wandert, ohne rechts und links das Handwerk zu grüßen. Alles bezieht sich bei ihm auf seine Kunst, alles mißt er nach ihr, sie ist ihm alles, ist er."

Abb. 2. Felsschlucht im Mondschein. 1848/49. (Zu Seite 12 und 22.)

Solches Aufgehen einer Persönlichkeit in ihrer Kunst ist schließlich immer das Geheimnis ganz großer Wirkung auf die Menschen gewesen, die sicherste Gewähr für jene Selbstherrlichkeit des Schaffenden, die man mit einem vielmißbrauchten Namen Originalität heißt und der beste Schutz gegen die Gefahr, jemals zu verflachen. Wie sehr dies bei Böcklin zutraf, das beweisen gerade seine Altersarbeiten, die er mit schon schwer geschädigter Gesundheit schuf, Krieg, Pest und der Rasende Roland. Es ist als hätten sich ihm da immer noch Ausblicke in neue, herrlichere Weiten und Welten aufgetan, wären ihm immer neue Möglichkeiten der Darstellungsmittel kund geworden. Die unvollendete Pest sowohl, als das letztgenannte Bild enthielt Wunder der Farbe, die vielleicht jede frühere Leistung Böcklins noch übertreffen. Und das schuf ein gebrochener, vom Schlage gerührter Mann! Wer sein Leben verfolgt, mag sich manchmal fragen: Was hätte diese ungeheure Willenskraft, dieser unerschöpflich reiche Geist geleistet, wären dem Meister noch sonnigere Verhältnisse beschieden gewesen? Wer aber die Dokumente dieses Lebens noch etwas gründlicher geprüft hat, der kommt vielleicht zu dem Ergebnis, daß Böcklins Genius von äußeren Verhältnissen so unabhängig war, als ein Künstlergeist das überhaupt nur sein kann. Seine abgerundetsten, nie umstrittenen Werke hat er inmitten der engsten Lebensnot geschaffen, alle Fragen des Behagens und der Existenz kamen ihm weit erst in zweiter Linie. Diesem Manne, der bis zum letzten Hauche in rührendster Aufopferung nur für die Seinigen lebte, zwang auch die bittere Sorge um seine Familie keine Konzession ab. Der Hunger, der nichtswürdige, gemeine Hunger hat ihn niemals vermocht, eine kleine Änderung an einem Bilde zu machen, die es etwa verkäuflicher gemacht hätte. Solche Erwägungen waren für ihn schlechthin nicht da — weit hinter ihm lag das Gemeine! Jedes von den oben genannten Memoirenwerken brachte wieder neue Beweise von der vornehmen künstlerischen Gesinnung und der hohen Berufsauffassung Böcklins — nicht ein Zug ward zutage gefördert, der unsere Ehrfurcht vor ihm nur um einen Schimmer verblassen ließ. Wenn uns vielleicht einmal Urteile aus seinem Mund gemeldet werden, die ein wenig hart und einseitig klingen, so sind sie erstens stets mit Vorsicht aufzunehmen — namentlich, was Floerkes Aufzeichnungen angeht, der den Künstler ersichtlich oft genug bewußt zu einem bestimmten schroffen Urteile hingeführt hat — anderseits muß man sich gegenwärtig halten, daß die ganz Großen immer einseitig sind. Oft genug hat er überhaupt nur den Angriff eines anderen pariert — allerdings meist sehr witzig! Denn Böcklin hatte ganz gewiß einen scharfen Verstand, war ein eminent logischer Kopf. In seiner ganzen Malerei war ja auch eine Fülle reinster Verstandesarbeit und nur darum kommt sie in seinen Werken nicht ernüchternd und „austrocknend" zur Erscheinung, weil dieser große Maler auch ein großer Poet gewesen ist. Sein Reichtum an poetischen Ideen war ohne Grenzen und sie waren immer aus der malerischen Empfindung herausgewonnen und wieder mit unendlicher Kunst in farbige Erscheinung umgesetzt. Diese Art der Konzeption ist überhaupt das Entscheidende für Böcklins Wesen. Für jeden, der diesem näher gekommen ist, erscheint es doch als ein gar zu ärmliches Unterfangen, wenn von gewisser Seite über Böcklins „literarische Neigungen" in geringschätzigem Ton gesprochen, es so hingestellt wird, als sei er fast mehr Poet als Maler gewesen. Für ihn war das Malenkönnen, die zielbewußte Anwendung der malerischen Ausdrucksmittel nur die erste Stufe; die zweite war dann die Vermittlung eines Natureindrucks, eines künstlerischen — nicht anekdotischen! — Gedankens durch jene technische Fertigkeit. Es ist heute der Ehrgeiz einer großen Malergruppe, auf der ersten Stufe stehen zu bleiben und sich mit der Malerei an sich zu begnügen. Ein Blick auf die Kunstgeschichte lehrt uns, daß solche Verachtung des Gegenständlichen nur eine Mode sein und nichts Bleibendes bedeuten kann. In der Schätzung der Nachwelt, von der Mitwelt ganz abgesehen, blieb bis dato keine Kunst bestehen, die nicht auch etwas zu sagen hatte. In der Hauptsache sind die Feinde des „Gegenständlichen" doch meist nur die, welche nichts zu sagen haben und aus dem Defizit einen Grundsatz, aus der Not eine Tugend machen. Man muß nur wissen, wie hart, wie mühsam so viele Maler um einen Gedanken ringen,

Abb. 3. Römische Landschaft. 1852. Mit Genehmigung der Photographischen Union in München. (Zu Seite 30.)

Maler, die einen tüchtigen Schulsack voll handwerklichen Könnens erworben haben! Man muß nur wissen, wie verhältnismäßig selten die Gabe einer fruchtbaren Phantasie ist, wie phänomenal selten aber die Gabe einer so unausschöpfbaren Phantasie, wie sie ein Böcklin besaß! Und wieviel häufiger die Gabe großer Meisterschaft im Handwerklichen ist — „Handwerkliches", notabene! durchaus nicht in herabwürdigendem Sinne genommen! Und wenn man das weiß, kann man über die Geringschätzigkeit, mit der schon über Böcklins literarische Art gesprochen worden ist, herzhaft lachen. Eine große Reihe seiner Bilder bedeutet schon einfach der Idee nach eine grandiose Leistung, seine „Toteninsel", „Schweigen im Walde", „Das brennende Schloß mit den Piraten", „Die Meeresstille", „Der Ritt des Todes", „Der panische Schrecken" usw. usw. Es sind freilich Gedichte, die uns der Meister da schenkt, aber wundervolle Bilder zugleich, und analysiert man sie, so kommt man darauf, daß eben nur ein großer Dichter so malen und nur ein großer Maler so dichten konnte. Nein, wir wollen uns diesen großen Maler nicht durch den Vorwurf verkleinern lassen, er sei „bloß ein Poet" gewesen!

Ein Künstler von so üppiger Vorstellungskraft, eine Natur, die in allen ihren Äußerungen glühende, blühende Farbe war, stammt aus einem merkwürdig nüchternen,

Abb. 4. Römische Landschaft. 1852. (Zu Seite 30.)

anregungsarmen Milieu. Böcklins Vaterstadt ist Basel, eine Handelsstadt, wo alles Trachten der Menschen auf Erwerben und Festhalten von sicherem Besitz hinzielte und aller Idealismus in bürgerlicher Tüchtigkeit, kaufmännischer Rechtschaffenheit sich genug tat. Wie an ähnlichen Orten so oft, lag auch da ein gewisser pietistischer Zug, eine Neigung zu äußerlicher, biedermännischer Religiosität in der Luft — alles in allem wahrhaftig keine künstlerische Atmosphäre, sondern eine Atmosphäre der Engherzigkeit und Kulturarmut. Hier erblickte Arnold Böcklin am 16. Oktober 1827 das Licht der Welt als das dritte Kind seiner Eltern. Der Vater war nicht, wie man früher erzählte, ein wohlhabender Seidenherr gewesen, sondern aus dem Arbeiterstande hervorgegangen. Als er 1824 die Jungfrau

Abb. 5. Syrinx flieht vor Pan. 1854. Königl. Gemäldegalerie zu Dresden.
(Zu Seite 32.)

Ursula Lippe freite, war er Prokurist einer Strumpffabrik und auch sein Vater und Großvater waren Arbeiter, Färber und Strumpfwirker gewesen. Die Familie stammte aus Beggingen im Kanton Schaffhausen, wo seit dem Beginne des siebzehnten Jahrhunderts die Böcklins heimatberechtigt waren. Als Arnold geboren wurde, hatte der Vater ein Tuchgeschäft und 1838 wurde er Mitinhaber einer Bandweberei, die nicht lange florierte. Der Vater Böcklin betrieb dann, meist in abhängiger Stellung mit wechselndem Glück wechselnde Geschäfte. Er ist, achtundsiebzigjährig, erst 1880 gestorben, zur Zeit, als sein Sohn schon ein großer Meister war.

Im Vaterhause hatte Böcklin natürlich nicht viel künstlerische Anregung gefunden und noch weniger Tradition, wohl aber Widerstände aller Art. In den Kreisen, in welchen seine Eltern lebten, ist der Begriff Künstlerschaft von jeher als eng verschwistert mit dem Vagabundentum angesehen worden, und das trifft nicht nur auf verstaubte weltfremde Nester zu, wie Basel damals eines war, sondern auch in unseren blühendsten Kunstzentren, in Paris, oder London, oder München werden jene

Abb. 6. Kentaur und Nymphe. 1855. Königl. Nationalgalerie zu Berlin. (Zu Seite 32.)

Bevölkerungsschichten in der Hauptsache über Kunst nicht anders urteilen. Wer weiß, wie viele auf dem Wege zur Kunst als Marodeure liegen bleiben, kann ihnen nicht einmal so unrecht geben. Die Starken überwinden ja doch auch den Widerstand der nächsten Umgebung und ein Starker war Arnold Böcklin. Um so stärker war er, als es ihm ja nur um die Kunst allein zu tun war, um die Möglichkeit künstlerischen Schaffens. Einen Ballast an Bedürfnissen, oder an Ehrgeiz nach äußerlichem Glanz nahm er nicht mit in den Kampf und so ward ihm der Kampf, was persönliche Opfer angeht, verhältnismäßig leicht.

Übrigens waren die Keime zu künstlerischer Veranlagung, wie H. A. Schmid feststellt, trotz aller äußerlichen Nüchternheit im Böcklinschen Hause doch vorhanden. Ein jüngerer Bruder, Walther, ist als Töpfer weit über handwerksmäßiges Geschick hinausgekommen. Ein Keim zu künstlerischer Veranlagung lag ja wohl auch in der

Natur des Vaters, dem Böcklin, nebenbei erwähnt, in späteren Jahren unglaublich ähnlich gesehen haben soll. Er war ein Mann von sehr feurigem Temperament und mancherlei wunderlichen Einfällen, wohl auch eine ziemlich unruhige Natur bei aller geschäftlichen Ehrbarkeit. Einer romantischen Laune des Vaters, welcher drei seiner Söhne nach Gestalten aus Schillers Tell taufte, Werner, Arnold und Walther, verdankt übrigens unser Meister sogar seinen Namen. Man interessierte sich für Kunst im Hause und ein Onkel war, heißt es, Blumenmaler. Auch Musik wurde in der Familie getrieben.

Arnold Böcklin besuchte das Gymnasium seiner Vaterstadt fünf Jahre lang und mit gutem Erfolg. Ein heißer Bildungs- und Lesetrieb ist ihm sein Leben lang geblieben. Wenn er den Homer auch nicht im Urtext lesen lernte, so hat er ihn doch in der Übersetzung mit einer Begeisterung gelesen und wieder gelesen, die wir aus manchem seiner Werke herausfühlen. Und ob ihm antiquarische Kenntnisse fehlten oder nicht, er ist in ganz hervorragendem Grade in den Geist der Antike eingedrungen. Sein Verhältnis zu ihr illustriert sich am besten durch sein Verhältnis zur griechischen Plastik: wo andere eine eisigkalte Marmorschönheit sehen, sah er blühendes, farbiges Leben und so war er auch von der Unmöglichkeit überzeugt, daß die großen Bildhauer der Hellenen farblose, tote weiße „Gipsgespenster" geschaffen hätten. Nach seiner, wohl absolut richtigen Meinung, hatten sie ihre Statuen mehr oder weniger lebhaft polychromiert. Aus dieser Empfindung für die Antike heraus hat er sich die gestaltenreiche Welt seiner phantastischen Fabelwesen geschaffen, Wesen, denen heißes

Abb. 7. Entwurf zu Kentaur und Nymphe. (Zu Seite 32.)

Blut in den Adern rollt im Gegensatze zu den, bei aller Größe und Verve des
Stils doch recht blutlosen Geschöpfen der malerischen Phantasie eines Preller oder
Genelli. Vielleicht ist die Gabe, alles farbig zu empfinden, alles durch seine Be=
rührung mit Lebenswärme zu erfüllen ein Erbteil der gesunden Schweizer Rasse. Ein
anderer, der Böcklin später so nahe stand, hatte sie ja auch — Gottfried Keller.

Die früherwachte bildnerische Neigung des Knaben fand Förderung von mancher
Seite. Er durfte mit seinen Brüdern die städtische Zeichenschule unter Lehrer Kelter=
born besuchen und der junge Arnold genoß ferner die Sammlung von Zeichnungen
und Gemälden Hans Holbeins, die in einem Saale der Universitätsbibliothek unter=

Abb. 8. Zeichnung zu Faun und Nymphe. 1856.
Königl. Nationalgalerie zu Berlin. (Zu Seite 33.)

gebracht, wenn auch noch nicht unbedingt für die Allgemeinheit zugänglich waren.
Böcklin ist übrigens kein leidenschaftlicher Schwärmer für Hans Holbein gewesen und
hat ihn, wohl damals schon, mit mehr Wißbegierde als Begeisterung betrachtet. Man
weiß ja, daß Böcklins Verehrung für die Alten später nie eine unbegrenzte und
allgemeine war — seine Lieblinge hat er freilich geradezu leidenschaftlich verehrt, aber
eben auch nur die. Zu anderen, wie zu den Italienern der Renaissance, hat er
bekanntlich nie ein sehr inniges Verhältnis finden können. Er hat eben niemals anderen
nachgeplappert, sondern ist stets der eigenen Anschauung gefolgt. Trotz einer gewissen
Kühle der Bewunderung mögen übrigens die Schöpfungen Holbeins doch stark anregend
auf den Knaben gewirkt und in ihm den Wunsch rege gemacht haben, sich ganz der Kunst
zu widmen. Beim Vater begegnete er zunächst unbedingtem Widerspruch. Wie Schmid

11

Abb. 9. Pan im Schilf. 1857. Königl. Neue Pinakothek, München. (Zu Seite 32 und 36.)

erzählt, meinte er, „es gebe ohnedies schon der hungrigen Maler genug und ein ‚Calame' werde der Arnold ja doch nicht". Der Vater war ein Prophet, wie sich gezeigt hat — ein „Calame" ist Arnold Böcklin wirklich nicht geworden. Über das etwas akademische Pathos des vielberühmten Schweizer Landschafters, der übrigens trotz allem ein namhafter Künstler gewesen ist, kam Böcklin schon in seiner ersten Zeit, schon in seinen Campagnalandschaften, weit hinaus. Und da war er noch nicht einmal der Böcklin, den wir meinen. Er sah sehr früh schon viel tiefer in die Natur hinein, als der Maler, der ihm als unerreichbares Vorbild hingestellt wurde und stand als Landschafter überhaupt über jeder Schule. Als der Knabe Maler werden wollte, war also der Vater wider ihn — aber die Mutter nahm des Knaben Partei. Hier geschah wieder einmal das, was in der Geschichte so vieler künstlerischen Entwicklungen wiederkehrt: daß die Mutter das Talent zuerst förderte und erkannte! Es ist dies eine Erscheinung, auf welche man beim Studium von Künstlerlebensgeschichten fast so oft stößt, wie etwa auf die, daß einem der später ganz Großen auf der Akademie jedes Talent abgesprochen wird. Die Mutter drang in den alten Böcklin und Professor W. Wackernagel, der Arnolds Lehrer im Deutschen gewesen und dem dieser zum guten Teil seinen trefflichen deutschen Stil verdankte, legte Fürsprache ein. Endlich gab der Vater nach und im Jahre 1845 durfte Arnold denn auch, spärlich ausgerüstet, auf

Abb. 10. Wandgemälde im Hause Wedekind. 1858. „Zeit der Kultur." (Zu Seite 35.)

die Düsseldorfer Akademie ziehen. Der Vater hatte ihn zum Eintritt in die Fabrik bestimmt — es war eben anders gekommen. Der Jüngling war schon frühe so gut wie autodidaktisch über das Malen geraten und hatte, zunächst mit dem allerärmlichsten Handwerkszeug, auf eigene Faust Bilder gemalt. Welche von seinen frühen Landschaften als die Erstlingsarbeiten zu gelten haben, läßt sich wohl überhaupt nicht mehr so feststellen. Die sehr sicher und fest hingesetzte Studie nach einem romanischen Kreuzgang des St. Albanklosters, wo des Künstlers Eltern wohnten, war wohl einer der ersten Versuche, der Wasserfall in der Felsschlucht im Mondlicht galt noch vor zehn Jahren Böcklins Angehörigen als des Künstlers erstes Ölbild. Es ist allerdings hierfür erstaunlich reif und technisch vollendet und so mag man es mit Recht jetzt einer etwas späteren Zeit (1848) zuschreiben (Abb. 2). Ein Bildchen aus dem Jahre 1844 schildert das weitgespannte Juratal bei Oltingen, eine Ölstudie mit einer typischen

Abb. 11. Wandgemälde im Hause Bedetind. 1858. Brennende Burg.
Mit Genehmigung der Photographischen Union in München
(Zu Seite 36.)

Abb. 12. Pan erschreckt einen Hirten. Schackgalerie in München. (Zu Seite 36.)

Alpenlandschaft aus der Rigigegend ist von 1845 datiert. Von der späteren Art Böcklins künden diese Anfängerarbeiten noch nichts. Aber mit Überraschung wird jeder Kenner Böcklins das Ölbild einer gotischen Ruine ansehen, das 1847 entstand (Abb. 1). In ihm lebt nicht nur bereits die Vorahnung jener malerischen Meisterschaft, die ihrer Wirkungen so sicher war, sondern auch schon ein starker poetischer Zug, der Hauch von Romantik, der auch um spätere Ruinen und Schlösser auf des Meisters Bildern weht. Auf kleinen Ölbildern und Studien der nächsten Jahre fällt zunächst der gesunde kräftige Natursinn, aber auch wohl, wie in einer kleinen Gewitterlandschaft von 1896, die feine Zeichnung, das sichere Raumgefühl auf. Das letztgenannte Bild einer flachen Heidegegend ist nach dieser Richtung geradezu erstaunlich; in der Reproduktion erinnert es ungemein an die stimmungsvollen Heidebilder des

15

Münchener Landschafters Louis Neubert (gest. 1892), der übrigens selbst wieder unter Böcklins Einfluß gestanden hat.

Als Böcklin 1845 dem Vater die, sehr mit Widerstreben gegebene Erlaubnis zum Kunststudium abgerungen hatte, wählte er Düsseldorf als nächste Bildungsstätte, weil, wie A. Frey berichtet, die Ansicht galt, hier nehme man es mit dem Studium genauer, als z. B. in dem etwas leichtlebigen München. Die früher ausgesprochene Meldung, Böcklin habe jetzt schon in Genf Calames Schüler werden wollen, sich hier aber abgestoßen gefühlt, beruht auf Mißverständnis. Er war eben achtzehn Jahre alt geworden, als er, am 30. Oktober 1845, das Elternhaus verließ, um nordwärts zu reisen, seinen Malergeschicken entgegen, kein Himmelsstürmer voll Übermut, sondern ein ernststrebender, in aller jugendlichen Frische schon gereifter Mensch. Er erschien auch auf der Düsseldorfer Akademie durchaus nicht als Blender. Von dem, etwas jüngeren Feuerbach, der dort der verhätschelte Liebling des Akademiedirektors Schadow war, von Ludwig Knaus, der ebenfalls als vielversprechender Schüler der Akademie galt, versprach man sich und redete man mehr, als vom jungen Arnold Böcklin, der noch dazu den Mißgriff beging, in die Schule des Historienmalers Ferdinand Theodor Hildebrandt einzutreten, der ihm so gar nicht entsprach. Aber der groß angelegte Landschafter Joh. Wilhelm Schirmer zog ihn bald an und er trat in dessen Klasse über, wo er sich als ein sehr fleißiger Schüler zeigte. Die frühen Studienarbeiten Böcklins, wie sie z. B. das Münchener Handzeichnungs- und Kupferstichkabinett enthält, überraschen durch die eminente Sachlichkeit und Genauigkeit, mit welcher sich hier die Natur studiert zeigt, mit welcher er die Formen komplizierter Baumäste und großblättriger Pflanzen bis ins kleinste nachbildete. Sieht man dies, so nimmt es einen nicht mehr wunder, wie korrekt alle solchen Dinge noch auf seinen Bildern der spätesten Zeit dargestellt sind, als er längst keine Studien mehr zeichnete. Er hatte eben die Grammatik seiner Kunst sehr gründlich gelernt und da er ein phänomenales Gedächtnis besaß — in der Physiologie dieses Außerordentlichen wohl das Phänomenalste! — und mit den Augen eigentlich sein ganzes Leben lang unablässig Studien malte, erklärt sich der beispiellose Vorrat an Erinnerungsbildern, über den Böcklin jederzeit verfügte, wie ein anderer über schwellend gefüllte Mappen mit Studienblättern. Noch im Herbst 1845 zeichnet er seine ersten Aktstudien. Die Münchener Maillingersammlung enthält ein paar solche, die auch aus dieser Zeit stammen mögen. Auch sie zeigen, wie jene ersten Landschaftsbilder, noch keine Spur des künftigen Böcklin —

Abb. 13. Die Jagd der Diana. 1863. Museum zu Basel. (Zu Seite 43.)

Abb. 14. Bildnis Franz Lenbachs. 1860—1862.
(Zu Seite 43.)

aber tüchtige Schülerarbeiten sind es — für einen, der zum ersten Male das schwere Problem des nackten Menschenleibes vor sich hat, sogar sehr tüchtige Arbeiten, einfach, ohne Genialtuerei, mit großem Verständnis für die Formenplastik gearbeitete Zeichnungen. Auf zeichentechnische Virtuosität hin, die leider auf den Akademien immer noch eine viel zu große Rolle spielt, sind sie durchaus nicht „gedeichselt" — der junge Arnold Böcklin wußte schon damals recht genau, was er brauchte und wollte.

Rudolf Koller, der treffliche Schweizer Tiermaler, der Böcklin bald sehr nahe trat und einer der wenigen Künstler war, die ihm sein Leben lang nahe blieben, hat den jungen Landsmann und Kollegen damals gemalt. Böcklin war ein schlanker großer Bursch, nichts weniger als hübsch, nach diesem Bildnis zu urteilen, aber doch schon in seinem Äußern mit dem Stempel des Genies gezeichnet. Im Herbst 1846 unternahm Böcklin eine Schweizer Studienreise, von der er manche hübsche Frucht in seiner Mappe nach Hause trug. Bald nachher trat er wohl Koller nahe und dieser Freundschaft verdanken wir so ziemlich die einzigen umfassenden Berichte über Böcklins erste Lehrjahre; sie blieben nämlich für die nächste Zeit eng zusammen, auch als Böcklin die rheinische Kunststadt verließ. Sie waren einander verwandte Naturen, beide fleißig und hochstrebend in ihrem Fach und beide von starkem allgemeinen Bildungsdrang. Was er in der Schule, oder besser ohne die Schule, versäumt hatte, holte Böcklin durch unermüdliches und vielseitiges Lesen nach und ist sein Leben lang ein wahrhaft gebildeter Mann gewesen, ganz wie sein späterer Freund Hans Thoma. Die beiden jungen Freunde lasen auch viel zusammen und schon anfangs 1847 berichtete Keller nach Hause, was für schöne Früchte ihm aus dem Umgang mit Böcklin erwüchsen. So lebenslustig die beiden waren, sie lebten doch sehr haushälterisch und mäßig. Dem, später in Baccho so tapferen Böcklin war das Gebräu, das den Düsseldorfer Kunstjüngern bei der Knappheit ihrer Mittel zugänglich war, ohnedies zu schlecht. Schon sein starkes Pflichtgefühl hat Böcklin zu einem bescheidenen Leben gezwungen. Die Mittel zu seinen Studien wendeten ja wohl die Eltern nicht leicht auf und die Mutter brachte das Opfer, einen Mieter ins Haus zu nehmen, nur um den Sohn seinen Zuschuß zu verschaffen.

Schon zu Anfang 1847 strebte Böcklin — wie sein Freund Koller! — wieder von Düsseldorf fort. Böcklin drängte es mit aller Macht nach Paris, aber von zu Hause aus wurde seinem Wunsche zunächst ein Veto entgegengesetzt. So begnügten sich denn die beiden mit einem Kompromiß und gingen im März nach Belgien, das künstlerisch, sozusagen, für sie auf dem halben Wege nach Paris lag. Mit einem guten Zeugnis Schadows, das noch erhalten ist, verließ Böcklin die Düsseldorfer Akademie, um zunächst nach strapaziöser Reise in Brüssel nicht viel mehr als Enttäuschungen zu erleben. Auch an alten Kunstschätzen fand er nicht, was er suchte, keine „schönen Landschaften". So wanderten sie im Mai nach Antwerpen zu einem Aufenthalt von freilich nur wenigen Tagen. Die guten Landschaften, die er suchte, fand Böcklin auch hier nicht. Er reiste bald wieder in die Schweiz zurück, während Koller noch kurze Zeit in Brüssel blieb, um dann nach Paris überzusiedeln, wo ihn Böcklin dann bald traf. Zunächst durchzog dieser das Hochgebirge der Schweiz in mehrmonatiger Studienreise und arbeitete fleißig. Er hatte in kaum einjähriger Akademikerzeit vieles gelernt, stand aber zunächst, wie natürlich, unter dem Einfluß Schirmers. Er hielt sich an den Ufern des Genfer Sees auf und von Schmid schreibt über Arbeiten aus dieser Zeit: „Es sind auch eine ganze Reihe Studien in Bleistift, Aquarell und Öl erhalten, die nicht datiert sind, aber die geschulte Hand eines akademisch gebildeten Malers verraten und auf dieser Reise entstanden sein werden." Von September ab war der junge Maler in Genf bei Alexander Calame († 1869). Die Größe von Calames Stil mag ihn wohl angezogen, die Glätte und Kälte, die der berühmte Maler zeigt, aber auch wieder dazu beigetragen haben, daß Böcklin nicht allzulange bei ihm aushielt. Dazu nahm jener sich seiner Schüler durchaus nicht sehr intensiv an und, müde, des Meisters Lithographien nachzuzeichnen, trat Böcklin nach drei Wochen aus diesem Atelier aus. Ein Schüler Calames ist er also in Wahrheit nie gewesen! Was er bis zum Rest des Jahres getrieben, steht nicht fest. Im Januar 1848 brach er, mit spärlichen Mitteln versehen, nach Paris auf, wo eine harte Schule der Entbehrungen und Enttäuschungen seiner wartete, aber auch mächtige Lebenseindrücke über ihn kamen, die er nie vergaß. Ob der künstlerische Gewinn des Pariser Aufenthalts für Böcklin groß war, steht dahin. Sicher aber hat jener dazu beigetragen, den Jüngling innerlich freizumachen von allenfalls ererbten Resten kleinstädtischer Engherzigkeit und kleinbürgerlicher Vorurteile, unter welchen er aufgewachsen war.

Abb. 15. Bildnis der Tragödin Fanny Janauschek. 1860—1862. (Zu Seite 43.)

Bis vor kurzem war über den denkwürdigen Pariser Aufenthalt äußerst wenig bekannt. Nun aber hat A. Frey aus den Erinnerungen Rudolf Kollers gerade diese Lücke in Böcklins Lebensgeschichte aufs interessanteste ergänzt. Am Morgen des 14. Februar tauchte der langentbehrte Freund plötzlich im Zimmer Kollers (Rue Verneuil 29) auf und blieb fürs erste mit diesem vereint. Sie schliefen in einem Bette, das sie abwechselnd zurecht machten und ebenso führten sie gemeinsame Börse. Sie war schmal genug und den Besuch der staatlichen oder einer privaten Kunstschule gestattete sie den Freunden nicht. So machten sie sich denn fleißig ans Kopieren alter Meister und zeichneten im Aktsaal eines gewissen Mr. Suisse, der selbst einst Modell, und zwar bei J. L. David gewesen war. Hier gab es weder einen korrigierenden Meister, noch irgendwelche Schulzucht, es gab bloß ein Modell und Raum zum Zeichnen. Was einer nicht aus sich selbst fand, oder den Arbeiten eines Kollegen absah, lernte er eben nicht. In Wahrheit ist das kaum die schlechteste Art von Kunststudium — besser ist sie jedenfalls, als der Drill eines engherzigen Lehrers. Von früh bis mittags zeichneten die Freunde bei Suisse, nachmittags kopierten sie im Louvre, abends arbeiteten sie wieder im Aktsaal. Es ist rührend zu hören, wie anspruchslos, ja, wie ärmlich ihre Lebensweise war, sein mußte. Das magere Dejeuner bei einem Roßschlächter, das für 11 Uhr angesetzt war, konnten sie sich durchaus nicht regelmäßig gestatten und nur das „Diner" zu einem halben Franken, das sie in dem gleichen üppigen Restaurant einnahmen, wurde regelmäßig genossen. Zu Hause, in ihrem Stübchen, malten sie eigene Kompositionen, doch war Böcklin mit sich selbst nicht einig und noch stark im Suchen. Er kopierte nicht so viel, wie sein Freund, wanderte wohl grübelnd in seinen freien Stunden umher und fühlte sich im Grunde nicht sehr wohl unter den Franzosen. Später hat er sie ja überhaupt nicht ausstehen können, wie wir sehen werden. Von ihrer Kunst sagte ihm am meisten der trotz ganz andrer koloristischer Tendenzen ihm sehr verwandte Corot zu, auch Jules Dupré und merkwürdigerweise wird berichtet, daß Coutures „Römer der Verfallzeit"

Abb. 16. Faun einer Amsel zupfeifend. Zweite Fassung. 1864—1865. (Zu Seite 49.)

Abb. 17. Bildnis von Frau Böcklin. 1863? (Zu Seite 49 und 53.)

auf ihn Eindruck machten, ein Bild, das gegen Böcklins Schilderungen antiken Lebens gehalten, doch trotz aller Qualitäten, kalt und akademisch sich ausnimmt.

Gleich die ersten Wochen von des jungen Künstlers Aufenthalt in Paris gestalteten sich durch äußere Zufälle recht lebhaft: die Februarrevolution tobte durch die Straßen der Seinestadt. Böcklin, der sich inzwischen ein kleines Atelier in der Rue de l'Est gemietet hatte, geriet mit Koller auf dem Wege zu dieser Arbeitsstätte in den Strom der revolutionären Menge. Man bot ihnen Gewehre an, sie wiesen diese zurück, aber mitgerissen wurden sie und die umgebende Menge stürmte den Louvre. Es blieb den Freunden keine andre Wahl und, obwohl ohne alle Waffen, stürmten sie mit. Erst in die Küche, wo die hungrigen Kumpane ein Stück — Parmesankäse als gute Beute mitnahmen, dann in den Thronsaal und die königlichen Gemächer, wo die aufgeregte Menge nicht übel hauste. Wer aber sich beikommen ließ, zu plündern, wurde unten, von der Wache der Nationalgarde, die jeden Herauskommenden untersuchte, ob er Beute bei sich trüge, sofort niedergeschossen. Die Freunde, denen sich noch ein Landsmann, der Kupferstecher Werdmüller angeschlossen hatte, zitterten nicht wenig für ihr Leben, sie blieben aber unbehelligt und durchzogen die Stadt, die voll wildmalerischer Bilder war und das Rathaus, wo sie Louis Blanc und Lamartine reden hörten und sich langweilten. Der Hunger plagte die armen Burschen und so versuchten sie denn den erbeuteten „Parmesankäse" — schaudernd spuckt der erste ihn wieder aus: es war Suppenfett! — Das war Böcklins Beteiligung an der Februarrevolution!

Diese brachte es mit sich, daß die Kunstsammlungen, wie auch der Aktsaal des Mr. Suisse lange geschlossen blieben. Um so fleißiger malten sie denn an ihren Originalkompositionen. Ihre Mittel waren inzwischen recht knapp geworden und, um sparsamer — noch sparsamer! — zu leben, entschlossen sie sich, ihren eigenen Haushalt einzurichten. Sie kauften, billig genug, aber für sie immer noch viel zu teuer, den wackligen Hausrat eines verreisenden Kollegen und richteten damit in der Rue de l'Est neben dem erwähnten Atelier eine Dachstube ein. Sie wollten auch selber kochen und erwarteten sich ein köstliches Künstleridyll. Sehr mit Unrecht! Durch jene fragwürdigen Anschaffungen hatten sie sich fast von allen Mitteln entblößt, den Rest seines Geldes mußte Böcklin opfern, um einem in Verlegenheit geratenen Hochzeitsreisepaar aus Basel die Rückkehr in die Heimat zu ermöglichen — alle Geldquellen der beiden Freunde hörten auf zu fließen und die unverhüllte Not zog bei ihnen ein. Alles Versetzliche nahm den Weg zum Mont de Piété, aber es war nicht viel. Durch die Löcher ihrer Stiefel schauten die Strümpfe und wurden mit schwarzer Farbe angemalt. Auch fürs Pferdefleisch reichte es schließlich nicht mehr, sie kauften sich gesottene Kartoffel in einer Gemüsebude, an denen sie sich auch die erstarrten Hände wärmen konnten — es konnte nicht mehr schlechter gehen.

Da wurde Rudolf Koller nach Hause gerufen und Böcklin, dessen Verhältnisse so weit geregelt wurden, daß er, bei seiner unbegrenzten Anspruchslosigkeit vor dem Verhungern geschützt war, blieb allein in Paris. Die Stürme der Februarrevolution waren vorüber. Der Künstler hat sich ihrer sein Leben lang gern erinnert, denn es war eine zwar wilde, aber farbenbunte, an großen Eindrücken reiche Zeit. An die Junirevolution des Jahres, die er schaudernd noch miterlebte, dachte er freilich nicht gerne zurück. Paris schwamm in Blut und der junge Maler sah vom Fenster seiner Wohnung aus, wie man die zusammengefangenen Rebellen niederknallte. Einer um den andern trat, wie Böcklin später erzählt hat, an die Wand, stellte sich bereit und kommandierte selbst „Feuer!" Das Grausen mehrte sich für den Zuschauer, als er in mehreren der Unglücklichen Kollegen vom Atelier Suisse her erkannte. Er selber entkam einmal mit knapper Not über die Dächer.

Nach einem Vierteljahr ungefähr verließ er Paris und kehrte nach Basel zurück. Albert Fleiner, der viel Fesselndes zur Psychologie Böcklins zu sagen wußte, schreibt über dessen Pariser Eindrücke: Als ein reumütiger verlorener Sohn mit zerpflückten Hoffnungen, zerfetzten Segeln und zerbrochenen Masten, mit einem Gefühl, als ob die Furien seinen Fersen folgten, kehrte Böcklin in seine Heimat zurück. Er behielt nach diesen Erlebnissen einen tiefen Abscheu gegen Paris und gegen das Volk der Pariser, wie er es in der Revolution gesehen hatte, einen unüberwindlichen Ekel. Ein einziges Mal in den sechziger Jahren ließ sich Böcklin beikommen, nach Paris zwei Bilder zur Ausstellung zu senden. Dieser einzige Versuch endigte mit einer großen Enttäuschung. Die Gemälde wurden ihm vollkommen totgehängt und kamen dann beschädigt zurück. Als ihm später ein Franzose lebhaft zuredete, wieder in Paris auszustellen, hatte er nur die eine Antwort: „Ich wünsche von Franzosen nicht bewundert zu werden." Er hat nur ein einziges Mal noch französischen Boden betreten in seiner letzten Lebenszeit, bei einem Ausflug nach Monte Carlo. Auf Drängen seiner Gattin betrat er den Spielsaal — aber schnell verlangte er wieder ins Freie und sagte: „Dies widerwärtige Pariser Zeug macht mir übel! Ich empfinde einen unwiderstehlichen Ekel!" Böcklin, der, trotz ausgesprochen schweizerischer Stammeseigentümlichkeiten überhaupt keine engherzig nationalen Empfindungen kannte, fand in seinem Republikanersinn zu auch am Deutschen Reiche allerlei auszusetzen. Als Kulturarbeiter aber fühlte er sich deutsch und wie deutsch er ist, beweist am besten der Umstand, daß seine Kunst den Nichtdeutschen so schwer zugänglich ist. Wenn man die Kunst nicht von einem patriotischen Standpunkte aus ansieht, ist letzteres vielleicht zu beklagen — jedenfalls ist es charakteristisch für den Wandel der Zeiten. Die Nation, die einen Corot, einen Diaz, einen Courbet hervorbrachte — versteht einen Böcklin nicht!

Abb. 18. Villa am Meer. Erste Fassung. 1864. Schackgalerie zu München.
Mit Genehmigung der Photographischen Union in München. (Zu Seite 13.)

Nach dem blutigen Pariser Intermezzo, dessen Nachklänge noch in mancher grausigen Schauerszene späterer Motive spuken, blieb der Maler zunächst bis zum Februar 1850 wieder in Basel und malte zunächst fleißig Landschaften, meist kleinere Werke, aber auch ein paar Porträts, Arbeiten, die sich jetzt noch zum größten Teil in Baseler Besitz befinden. H. A. Schmid verlegt auch die Entstehung der oben erwähnten Felsenschlucht im Mondschein (Abb. 2) in diese Periode und das Bild ist in der Tat so schlicht und groß im Eindruck, daß man es für das Ergebnis wohlgenützter Lehrjahre ansehen mag. Auch eine Studie hierzu, die, was bei Böcklin nicht allzuoft vorkommt, das Gemälde im ganzen Effekt genau wiedergibt, ist bekannt. Ebenso sind zu der merkwürdigen kleinen Landschaft mit den Gemsen, die 1848/49 entstanden ist und 1902 im Münchener Glaspalast ausgestellt, so viel Erstaunen erregte, ausführliche Studien vorhanden. Das Bildchen fiel auf als erste Probe von Böcklins raffinierter Farbenkunst, in dem das Weiß eines Schneefetzens mit dem warmen Braun der Vege-

Abb. 19. Altrömische Weinschenke. Erste Fassung. 1865. Schackgalerie zu München. (Zu Seite 60.)

tation und den Farben der Tiere und Felsen einen ebenso schönen als eigenartigen Akkord ausmachte. Böcklin rang damals schwer und unter Schmerzen um seine Kunst und damit mag auch die mehr oder weniger düstere Grundstimmung dieser Landschaftsbilder, die alles eher waren als konventionelle Gebirgsmalerei, zusammenhängen. An verschiedenen Entwürfen und Studien erkennt man, wie er sich um die endgültige Gestaltung des Bildes mühte, wie heilig ernst es ihm mit der Sache war. Der Böcklin von später, der die Bilder zum größten Teil fertig im Kopfe hatte mit allen koloristischen Feinheiten, ehe er sie auf die Tafel oder Leinwand niederschrieb, war er eben noch nicht. Aus Briefen jener Zeit weiß man, daß der Künstler damals recht verzweifelt auf seine Arbeit sah, selbstquälerisch und unzufrieden. In ihm drängte und gärte es und es war wohl eher ein Zuviel als ein Zuwenig, was ihn mutlos machte. Vielleicht spielten auch gesundheitliche Fragen mit. Er hatte in der letzten Zeit in Paris Anfälle von Nachtwandeln gehabt. Am Arbeiten haben ihn übrigens jene inneren Kämpfe nicht gehindert, denn die Zahl der Bilder und Studien, welche aus der Zeit seines Baseler Aufenthaltes bekannt sind, ist recht stattlich. Er porträtiert auch seinen Freund Jakob Mähly, den Dichter und Philologen, seine Mutter und

Abb. 20. Daphnis und Amaryllis. 1866. Die Klage der Hirten.
Mit Genehmigung der Photographischen Union in München. (Zu Seite 60.)

mehrere Verwandte aus der Familie Holzach, sowie ein Fräulein Luise Schmidt, mit welcher er sich verlobt hatte. Das Baseler Museum besitzt auch eine 1849 gemachte Zeichnung „Liebespaar im Walde", welche den Maler in zärtlichem Beisammensein mit der Braut darstellt. Eine Reihe der Bilder aus Böcklins erster Baseler Zeit ist im Besitze Jakob Burckhardts gewesen.

Im Frühjahr 1849 genügte der Maler seiner Militärpflicht, wahrscheinlich den Mai über. Wie es ihm dabei gefiel, wird nirgends erzählt. Im Laufe des Jahres hatte sich zwischen Böcklin und jenem Mädchen ein inniges Liebesverhältnis angesponnen. Der Maler spielte die Flöte, oft wenn er von der Arbeit mißmutig geworden war, und kam so wieder in Stimmung. „Des Nachbars lieblich Flötenspielen" lockte sein schönes Gegenüber ans Fenster und bald liebten sie sich. Eine Verlobung gab des Mädchens Vater, ein bemittelter Küfermeister, erst kurz ehe der Maler nach Rom reiste, im Spätherbst 1849 zu. Bald darauf zog es ihn nach der ewigen Stadt und kaum war er dort, als er die Nachricht erhielt, daß seine Geliebte an einer Gehirnentzündung

Abb. 21. Trauer der Magdalena. 1868. Museum zu Basel. (Zu Seite 63.)

gestorben sei. Seine Hausfrau fand ihn bewußtlos am Boden liegend, den Unglücks= brief in der Hand. So tief ihm der Schlag gegangen war, er war doch jung genug, um ihn schnell, recht schnell sogar zu verwinden. Die Eindrücke, die ihm dazu halfen, waren zu bunt und reich genug. Er fand einen fröhlichen deutschen Künstlerkreis und in dem begabten, ja genialen Franz Dreber, der Rom schon lange kannte, einen Freund, der ihn auch künstlerisch mächtig anzog und für die nächste Zeit in seinem Schaffen deutlich beeinflußte. Ein starkes Bedürfnis nach Frauenliebe hat, nach dem, was jener Zeit erzählt wird, damals im Herzen des jungen Malers gewaltet und sein Schicksal in schwere Unruhe gebracht. Es ging ihm zwar hundeelend, aber trotz alledem scheint er einen Wunsch nach Gründung einer Häuslichkeit gehegt zu haben. Als er sich zu Anfang des Jahres 1852 wieder zu kurzem Aufenthalt in der Heimat befand, warb er um die Hand einer Jugendliebe, erhielt aber einen Korb. Die Werbung des mittellosen Malers war ja auch ziemlich naiv gewesen. Aus Trotz verlobte er sich nun mit dem ersten besten Mädchen aus dienendem Stande, das er auf der Straße traf. Er hat die Torheit bald bereut, war aber zu stolz und zu anständig, den Streich rückgängig zu machen. Erst im Februar des nächsten Jahres

Abb. 22. Frühlingsreigen. (Wiesenquelle.) 1869. Dresdener Galerie.
Mit Genehmigung der Photographischen Union in München.

gelang es seinen Freunden, ihn wieder „loszueisen" und kaum war er der drückend gewordenen Bande ledig, als er in neue Liebesfesseln geriet — dieses Mal fürs Leben. Schon im Sommer verheiratete er sich mit der damals siebzehnjährigen Angelina Pascucci, einem bildschönen Mädchen, das zwar nicht arm war, dem Gatten aber doch keinen Heller ins Haus brachte. Ein stattliches Erbteil von 20 000 Scudi, das der jungen Frau zukam, wurde ihr, weil sie mit einem Protestanten verheiratet war, vorenthalten und auch ein Prozeß verhalf ihr nicht zu ihrem Eigentum. Es ging dem Ehepaare herzlich schlecht. Böcklin kam so weit, daß er für einen industriellen Amerikaner nach einer „neuen Erfindung" Ansichten von Porto d'Anzio nach Photographien malte, daß er „Kunsthändlerkitsch" verfertigte. Er hat seinen Stolz freilich bald wiedergefunden. Im übrigen hatte er ihn, wie in seiner Familie erzählt wird, einst noch tiefer beugen müssen, bis zum Widerlichen herab: in den Tagen der bittersten Not zu Paris hat der Schöpfer der Meeresstille, der Maler so viel schimmernder Feste des Lebens für Ärzte gearbeitet, die anatomische oder pathologische Präparate wiedergegeben haben wollten. Und seltsam! Wer es fertig bringt, jene Dinge, frei von allen Gefühlen des Ekels, einfach ihrer phantastischen Gestaltung und Färbung nach anzusehen, der kann sich vorstellen, daß Böcklins spezielle malerische Begabung für solche Aufgaben sehr wohl geeignet war!

Abb. 23. König David. 1868.
Fresko im Sarasinschen Gartenhaus.

Böcklins Ehe hat bis zu des Meisters Tode vorgehalten und seine Gattin ist ihm eine treue, tapfere Lebensgefährtin in Glück und Unglück gewesen. Ihr praktischer Sinn hat ihn wirtschaftlich nur nützen können, denn sein Wesen war durchaus nicht auf besonnenes Zusammenhalten gerichtet. H. A. Schmid schreibt darüber: „Die großen Eigenschaften des Künstlers, dessen Ansichten vom Werte der Dinge über alles übliche hinausgingen, konnten anderseits sehr wohl eine besorgte Hausmutter in Verzweiflung bringen. Er pflegte mit vollen Händen wegzuwerfen, was er nicht brauchte, und interessierte sich im Grunde bloß für das Schöpfen und Erfinden. Es war eine große Gefahr für Kunstwerke, wenn sie lange im Atelier stehen blieben. Noch ein Glück war es zu nennen, wenn er Arbeiten, an denen er die Lust verloren, Studien, die ihren Dienst getan, an gute Freunde verschenkte; ein unschätzbares Material hat er absichtlich zerstört. Aber er vergriff sich auch am fertigen Kunstwerk. Ein Grübler, der sich beständig weiterbildete, hatte er stets die Neigung, eine Schöpfung umzubilden, wenn er nach längerer Zeit darauf zurückkam. War das Gemälde nun verkauft, so entstand eine Replik, meist wertvoller als das erste Bild; war es nicht verkauft, so wurde es übermalt oder vernichtet. Die Pietà hat so in Berlin einst mit Gewalt gerettet werden müssen, lag lange halb vergessen irgendwo in der Werkstatt des Künstlers und war schließlich viele Jahre später, als sie in München verkauft wurde, so ziemlich das erste Werk, das dem Künstler eine wahrhaft große Summe einbrachte. Böcklin war, gutherzig und nobel wie er war, leicht das Opfer perfider Spekulation und da hat ihn die kühler kalkulierende Gattin vor manchem Schaden bewahrt. Auch die Sorge um seine Gesundheit war ein wichtiger Teil ihrer Pflichten und ohne sie, meint sein Biograph, wäre der große Mann der Welt kaum so lange erhalten geblieben. Auch ihre Schattenseiten hatte natürlich die Gründung einer Familie — und noch dazu einer so großen Familie! für den Maler. Seine Frau schenkte ihm vierzehn Kinder, von denen sechs am Leben blieben und noch sind; zwei Söhne

Abb. 24. Magna mater. 1868—1870.
Fresko im Museum zu Basel.

allerdings leben in geistiger Umnachtung und ihr Leiden hat dem großen Mann Stunden schweren Kummers verursacht. Hat doch der eine der beiden vor etlichen Jahren im Wahnsinn eine unselige Tat begangen. Die große Familie verlangte selbstverständlich auch einen großen Aufwand an Geldmitteln und erst in verhältnismäßig späten Jahren kam der Künstler aus den chronischen Existenzsorgen heraus. Die Last lag oft schwer auf ihm, wenn er sie auch mit der Würde seiner großen Seele trug und denen nie entgelten ließ, die sie ihm auferlegten. Dazu kam noch eins: es steht wohl ziemlich fest, daß

Abb. 25. Medusa. 1868—1870. Fresko im Museum zu Basel. (Zu Seite 66.)

seine Gattin mit der eingebornen Eifersucht der Römerin, selbst als gealterte Matrone, ihm nicht gestattete, ein Modell ins Atelier zu nehmen. Böcklin hat selbst einmal zu einem Züricher Freunde gesagt: „Das ist die Tragik meines Lebens; ohne Modell schaffen ist für mich fast unmöglich. Allein das Modell im Atelier würde den Bruch mit meiner Frau bedeuten. Meiner Frau danke ich so viel, daß ich ihr die kleine Schwäche der Römerin nachsehen muß. Darum ertrage ich jeden Tadel, wenn geschrieben wird: Das Bild Böcklins schreit nach Modellen." Böcklin hat seine Frau oft umzustimmen versucht — vergeblich! Und da behalf er sich denn so. Im Grunde hat die Kunst nicht allzugroßen Schaden davon gehabt, denn das Höchste, Herrlichste in ihm ist auch zustande gekommen, ohne daß er seine Frauengestalten nach dem Leben bilden konnte. Was für ein Fleisch, freilich, hätte ein Böcklin gemalt nach dem Studienmaterial, das in Italien zu haben ist! Aber es sollte eben nicht sein und wer den unausschöpfbaren Reichtum eines Böcklinschen Kunstwerks zu genießen weiß, wird auch über ein paar allzu kühne Verkürzungen und unhaltbare Überschneidungen wegkommen. Bekanntlich hat ein tüchtiger Maler versucht, eins von Böcklins schönsten Bildern — ich glaube das Spiel der Wellen — in der Weise zu kopieren, daß er vorhandene Zeichenfehler sorgsam nach der Natur verbesserte. Das Ergebnis war, daß das Bild verloren, nicht gewonnen hatte. Gerade an dem genannten Bilde wäre dies begreiflich: die etwas waghalsig verkürzte schöne Wasserfrau in der Mitte hat vielleicht gerade durch die Rücksichtslosigkeit der Verkürzung jene unübertreffliche räumliche Wirkung gewonnen, die ihr eigen ist und oft genug hat der Meister die Form fast bewußt vergewaltigt, wenn z. B. die korrekte Linie eines Gliedes, der Natur, dem Modell entsprechend etwa weiter ausgeladen hätte, als sich mit ästhetischen Notwendigkeiten vertrug. Dann zeichnete er eben den betreffenden Arm kürzer. Unorganisch sind seine Vorzeichnungen nie. Übrigens hätte Böcklin nichts weniger als sklavisch nach dem Modell gearbeitet, sondern es nur zum Studium der Form, zur Lösung von Zweifeln benützt. Er hätte es eben auch angesehen, wie er seine Bäume ansah und es wäre sicher ebenso wunderbar Schönes dabei herausgekommen, wie bei seinen landschaftlichen Schilderungen. Das zeigen nicht nur seine Männerakte, sondern gerade auch viele Frauenkörper, die zeichnerisch keine allzugroßen Schwierigkeiten boten, oder trotz zeichnerischer Mängel herrlich gemalt sind. Zum Beispiel die Wasserfrau in der „Meeresstille". Böcklin, der ein Bild ja nie nach der Natur arbeitete, sondern das Formale, sei es mit dem Gedächtnis, sei es in Entwürfen erledigte, ehe er an die Ausführung ging, hat bekanntlich die Theorie aufgestellt, daß man ein Modell am besten im Nebenzimmer habe, um sich jederzeit einer Form und Wirkung, über die man im unklaren sei, versichern, dabei aber doch frei arbeiten zu können.

Das Entbehren solcher Hilfsmittel, die jedem anderen überhaupt unentbehrlich sind, hat den Künstler, namentlich in den Florentiner Jahren, harte Kämpfe gekostet und ihn auch wohl zu Äußerungen gebracht, die minder weich und nachsichtig klangen, als jene eben zitierten Worte über die eifersüchtige Laune der Frau. So sagte er einmal in einer Stimmung herber Entsagung zu G. Floerke, indem er ausführte, daß das Leben nach allen Seiten Entbehren bedeute: „Menschliche Formen, von Weibern gar, sehen wir höchstens mal bei Unglücksfällen. Die Familie — haben wir nicht, sie hat uns. Die Frau — na, im Grunde hat doch keine von ihnen ein ernsthaftes, echtes Interesse. Die Kinder — anfangs vielleicht viel Freude, aber später Kampf und Sorgen!" Und so klagt er fort. — Am Schlusse aber kommt das Wort, das tiefer ergreift, als irgendeins, welches uns als Rede Böcklins verbürgt ist: „Da bleibt nur der Wein!" Da allein ist ein wirklicher Genuß und erhebt uns erst zum Menschen. Nur der Wein hilft uns gegen das Leben, trotzdem schaffen, nur er schenkt einem noch manchmal Stunden, wo man den ganzen Kram vergißt und wunder glaubt, wer und wo man wäre!" Dies Bekenntnis wirkt in seiner verzweifelten Menschlichkeit wahrhaft erschütternd. Gesegnet sei der Wein, der einem Böcklin über so dunkle Stunden hinhalf!

Aber wir kamen aus unserer chronologischen Reihe und trotz des Elends, das Böcklin als junger Familienvater durchzukämpfen hatte, wären ihm damals so düstere Stimmungen unmöglich gewesen. Er war in der Vollkraft seiner Jugend und lebte im Rausch des ersten zielklaren Schaffens. Ein schönes Dokument zu der Stimmung, in welcher Böcklin mit seinen künstlerischen Freunden in seiner ersten römischen Zeit lebte, liefert ein Passus in Paul Heyses „Jugenderinnerungen und Bekenntnisse" und eine köstliche Terzinenepistel, die im Anschluß an jene Episode entstanden ist. Paul Heyse, der unter anderen von Böcklin eine wundervolle Variante des „Panischen Schreckens" besitzt, war an den Maler durch Jakob Burckhardt empfohlen

Abb. 26. Kritikus.
Fresko im Museum zu Basel. (Zu Seite 66.)

worden, traf diesen in einer sehr dürftigen Wohnung in der Via della Purificazione und wurde sofort von ihm in den tollen Kreis des „Tugendbundes" eingeführt, mit welchem der junge Dichter manche lustige Nacht verlebte, manche fröhliche Fahrt unternahm.

Von einer solchen „Ottobrata" nach dem Tale der Egeria erzählt jene Epistel. Die Freunde waren, mit Wein und Speisen reich versehen, an einem herrlichen Oktobertag hinausgefahren und hatten sich im Eichenschatten nahe der Grotte um ein Feuer gelagert. Mit Efeu bekränzt erhoben sie die Hand zu Speis' und Trank:

> „Gedenkst Du noch, wie Franz mit voller Schale
> In Priesterandacht unseres Herdes Glut
> Umschritt, den Göttern spendend von dem Mahle?
>
> Und hoch und höher stieg der Übermut.
> Bacchantisch überschwoll die Festeslaune,
> Genährt von des Velletri dunkler Flut;
>
> Bis unser Däne dann, der Bärt'ge, Braune
> Die Kleider abwarf und ums Feuer nackt
> Mit Jauchzen sprang, gleich einem ries'gen Faune.
>
> Drei taten's nach, von gleichem Rausch gepackt,
> Und an den Schultern kräftig sich umschlingend,
> Den Boden stampften sie im Reigentakt.
>
> Im Vierklang eine nord'sche Weise singend,
> Die hell und wild die Wipfel überflog
> Mit dunklem Heimweh uns das Herz bezwingend."

Der Franz, von dem die Rede ist, war Franz Dreber, der Däne Holbeck, ein Bildhauer. Liest sich dies Gedicht nicht fast selbst wieder wie die Schilderung eines Böcklinschen Bildes?

Von Böcklins damaliger Malerei schreibt Paul Heyse: „Von der späteren kühnen Phantastik, die ihm seinen Weltruhm eintrug, und der überströmenden Farbenfreudigkeit war noch nichts in seinen Landschaften zu spüren, auch von einer menschlichen Staffage noch keine Rede, dagegen in minder gewaltigem Stil schon das ganze intime Naturgefühl, das keine fleißigen und peinlichen Studien mit Stift und Pinsel bedurfte, um dies wundersame Gedächtnis mit allen charakteristischen Formen und Farben, an denen seine Augen sich weideten, zu erfüllen." Die Worte kennzeichnen ungemein richtig Böcklins damalige Art. Seit man ihn „entdeckt" hat, sind immer mehr von den schönen römischen Landschaften bekannt geworden, die eine bestimmte, ziemlich scharf abgeschlossene Periode in Böcklins Schaffen bedeuten. Ein großzügiger, gewissermaßen heroischer Stil eint sich hier ohne Widerspruch mit der schärfsten Naturbeobachtung, welche die Linien der Landschaft, wie die großen Formen der Bäume und jedes Detail im Pflanzenwuchs höchst korrekt wiedergab. Auch damals arbeitete Böcklin aus der Phantasie, nicht nach der Natur, aber er hatte ein so phänomenales Erinnerungsvermögen und Kombinationstalent, daß solche Landschaften den Beschauer gar nicht als freie Erfindung, die sie doch sind, glauben lassen wollen. Freilich lehnte sich Böcklin an Gesehenes vielfach an und in der „Römischen Landschaft" von 1852, die wir in Abbildung 3 wiedergeben, ist der dargestellte Brunnen der Wirklichkeit entnommen; er steht, oder stand auf dem Wege von Albano nach Ariccia. In der etwas späteren „Volzschen" Campagnalandschaft von 1860 erreicht die Naturwahrheit und Fülle der Details einen Höhepunkt, der ans Unbegreifliche grenzt. In diesem Bilde steckt Material für zwanzig andere. Die andere, hier (Abb. 4) wiedergegebene „Römische Landschaft" ist 1852 in Basel gemalt. Sie macht, wenn man von den modernen Qualitäten im einzelnen absieht, fast an einen der großen Landschafter des siebzehnten Jahrhunderts, an Poussin etwa, denken. Aber Böcklin ist bei allem

Abb. 27. Karton zur Flora. Fresko im Museum zu Basel.
Mit Genehmigung der Photographischen Union in München. (Zu Seite 66.)

Abb. 28. Die Geburt der Venus. 1869. (Zu Seite 68.)

Schwung und aller Verve reicher und innerlicher und wird es bald immer mehr, je klüger er die große Linie und wuchtige Gebärde sich auch für die innerlich bedeutenden Motive zurückbehält. Immer deutlicher entwickelt sich von der Mitte der fünfziger Jahre an seine Individualität, zumal er nun auch eine Vorliebe für Staffagen aus der alten Sagenwelt zeigt. Nach ein paar Bildnissen seines jungen Weibes malte er 1854 das Bild „Syrinx flieht vor Pan" (Abb. 5), 1855 entstand die Landschaft mit der Quellnymphe, die später in die Schackgalerie kam, dann eine Waldlandschaft mit einem Pan, dann 1855 die ziemlich große Ideallandschaft mit dem Kentauren, der eine Nymphe entführt (Abb. 6 u. 7). Er war nun schon mitten in seiner lebenswarmen, phantastischen Halbgötterwelt, wenn auch fürs erste die Figuren mehr als Staffagen, denn als künstlerische Mittelpunkte in den Bildern standen. Noch war er eben immer der Landschafter, der sich an anderem nur gelegentlich versuchte. Da entstand von 1855—1856 das Bild des Meisters, das man als den ersten berühmten Böcklin bezeichnen kann, ein Werk, dessen ein Jahr später gemalte, vergrößerte Wiederholung die Münchener Pinakothek ziert, der „Pan im Schilfe" (Abb. 9). Das war schon Er! Schon ist in dem Bild jener unwiderstehlich bannende Stimmungsausdruck erreicht, für den Böcklin so reiche Mittel hatte, wie nie ein anderer. Ein heißer Mittag lagert auf dem Röhricht, über das die Sonne flutet und im Schatten des üppigen Rohrs flötet der Pan, dem ein paar Frösche lauschen. Die gespenstische Unheimlichkeit brütender Mittagsglut hätte nicht feiner verkörpert werden können. Auffallend ist an dem Bilde die verblüffende

Helligkeit und Luftigkeit der Malerei. Hätte es Böcklin etwa 1888, bei der großen Münchener „Pleinairausstellung" sehen lassen, es wäre da als eines der allermodernsten Bilder erschienen. Von einem Schwelgen in Farben noch keine Rede! Im nächsten Jahre malte er eine pompöse Landschaft mit großen Bäumen; als Staffage war ein Faun angebracht, der eine Nymphe durchs Wasser zog. Die Zensur hat das Bild (die Zeichnung dazu siehe Abb. 8) aus der Ausstellung an der Piazza del Popolo verwiesen. Man muß denken: es war im päpstlichen Rom und da konnte ein protestantischer Maler, der ein katholisches Mädchen geheiratet, schon allerlei Schikanen erfahren. Soll doch im Jahr darauf Böcklins Übersiedlung nach Basel damit zusammengehängt haben, daß ein alter Geistlicher die junge Frau warnte, Leben und Freiheit ihres Gatten sei in Gefahr. Auch das ist wohl möglich unter den damaligen Zuständen im Kirchenstaat. Den künstlerischen Zweck seines römischen Aufenthaltes sah Böcklin zunächst erfüllt, er hatte selbständig und frei sehen und sehr respektabel malen gelernt, hatte den Kopf und die Mappen voll Ideen und sah, nach welcher Richtung sein Weg wies. Mehr und mehr war er von dem Landschaftertum im alten Sinne abgekommen, immer größere Bedeutung gewannen die Idealgestalten, mit welchen seine Phantasie die Welt bevölkerte. Jeder Schimmer von Schule und Konvention war abgestreift. Vielleicht erwartete er sich mit seinem gesicherten Können nun auch in der Heimat ein besseres Auskommen und Hilfe in manchem Sinne. Der junge Haushalt drängte nach geordneten Verhältnissen. Und so übersiedelte er im Frühling 1857 wieder nach Basel. Hier ist freilich von Bildern, über die uns berichtet wird, nur der Münchener „Pan im Schilfe" erhalten. Mehrere dekorative Arbeiten meldet H. A. Schmids Bilderkatalog als „Verschwunden". Vermutlich hat sie ein Tüncherpinsel oder die Spitzhacke eines demolierenden Maurers beseitigt.

Zunächst wohnte Böcklin in Basel bei seinem Vater, wo er jenen „Pan im Schilfe", resp. die zweite, bedeutendere Version des Bildes malte und den Raum, in dem er arbeitete, mit Puttengestalten ausschmückte, die zu den genannten verschwundenen Arbeiten gehören. Das Glück war ihm nicht hold in Basel. Als er das oben erwähnte Landschaftsbild mit den Mädchen am Brunnen ausstellte, erhob sich in dem Philisternest ein Sturm der Empörung und es ging so weit, daß der verblendete Vater den Sohn aus dem Hause wies. Wegen der ersten vollwertigen Probe seines Genies! Es kam sogar noch weiter! Wie gute Freunde des Meisters erzählten, kam

Abb. 29. Mörder von Furien verfolgt. 1870. Schackgalerie zu München. (Zu Seite 68.)

es nämlich dazu, daß die Geschäftsleute durch einen Amtsboten aufgefordert wurden, dem Maler nichts mehr zu borgen! Ein hübsches Kleinstadtidyll, näherer Nachforschungen wert! Vielleicht war dies auf Veranlassung des Vaters geschehen. Man liest ja heute auch oft noch ein Zeitungsinserat: „Wer meinem Sohn N. N. etwas borgt, hat von mir keine Zahlung zu erwarten." Böcklin erzählte Schick, daß sich damals alle Bekannten von ihm zurückzogen und er in die bitterste Not geriet. Als rettender Genius, von allerdings etwas seltsamer Kunstanschauung, kam damals Konsul Wedekind aus Hannover in des Künstlers Haus, ein Mann, dem vielleicht, trotz eines häßlichen Intermezzo, das folgte, der Ruhm gebührt, diesen Künstler vor dem Untergange gerettet zu haben. Er würdigte Böcklins Talent hinreichend, um ihm einen großen dekorativen Auftrag anzuvertrauen: Die Wandbemalung für einen Speisesaal in Hannover. Das Honorar war nicht üppig — aber der mit dem Hunger kämpfende Baseler Maler war auch noch nicht unser Böcklin. So nahm er denn den Auftrag gern an, ließ sich im Frühjahr 1858 in Hannover nieder und führte seinen Auftrag in nur vier Monaten aus. Es sind fünf mächtige Bilder, welche zyklisch die Beziehungen des Menschen zum Feuer darstellen und manches spätere, hochberühmte Werk des Künstlers schon im Keime enthalten. Der Maler, der hier zum ersten Male die Möglichkeit vor sich sah, seinen bereits sehr reichen Schatz von Naturbeobachtung auszumünzen, ging mit bemerkenswerter Kühnheit an dies Werk. Er entwarf keine Kartons, nicht einmal eine Zeichnung, erledigte vielmehr die Komposition durch reifliche innere Überlegung und malte die Bilder dann aus dem Kopfe fertig. Um die großen Flächen richtig übersehen zu können, befestigte er seine Kohle beim Aufzeichnen an einen langen

Abb. 30. Die Felsschlucht. 1870. Schackgalerie zu München.
(Zu Seite 68.)

Abb. 31. Frühlingslandschaft. 1870. Schackgalerie zu München. (Zu Seite 68.)

Stab. Die Bilder, mit Leimfarbe auf Leinwand, respektive einen Baumwollstoff (Schirting) gemalt, sind Werke der reichsten Phantasie, und die Aufgabe, sie in den durch Türöffnungen zerschnittenen Raum hinein zu komponieren, war nicht eben leicht. Blumen= und Fruchtfestons und kandelaberartige Säulchen fassen die Bilder ein, welche ihrer inhaltlichen Reihenfolge nach in prachtvoll erdachten Landschaften darstellen: die Urzeit mit einer Nymphe im Wiesengrund; Prometheus mit Adam und Eva; den ge= fesselten Prometheus über der einen Tür, ein Motiv, das der Künstler auch in zwei späteren Werken noch variiert hat; die Zeit der Kultur (die rechte Hälfte Abb. 10);

eine Villa auf romantischer Felsküste von Piraten in Brand gesteckt (Abb. 11). So schön und flott der Maler seine Aufgabe bewältigt hatte, mit dem Auftraggeber hatte er wenig Glück. Die Bilder gefielen diesem durchaus nicht und Böcklin, dem es schlecht genug ging, konnte auch den ausbedungenen kargen Lohn erst durch eine Klage und nach seiner Abreise erhalten. Schick teilt die Honorarbedingungen, die Böcklin geboten waren, mit: Ersatz der Auslagen und Lebensunterhalt!!! H. A. Schmid schreibt mit Recht: Man begreift heute nicht mehr, warum er (Wedekind) gerade an diesen Schöpfungen Anstoß nehmen konnte. Das Verweigern des Lohnes war außerdem eine schreckliche Grausamkeit gegen eine ganze Familie. Nach Berichten von Frau Böcklin sah der Besteller in den Felsblöcken und Büschen tierische und menschliche Gestalten und Fratzen. Das letztere ist recht wohl möglich. Der Reichtum und die Freiheit Böcklinscher Landschaftsformen war damals etwas absolut Fremdartiges und Neues und gerade in der Landschaft war der Publikumsgeschmack an das mehr oder minder Stereotype, an eine Art von Stilisierung gewöhnt, die aus sehr mangelhafter Beobachtung der Wirklichkeit entsprang.

Böcklin verließ mit den Seinigen Hannover, um sich fürs erste in München niederzulassen, wo er zunächst seine „Germanen auf der Eberjagd" fertig malte, keins seiner großen Werke, aber doch eins, das bewies, wie selbständig er jeden Stoff angriff und mit welcher Treffsicherheit er landschaftliche Charakteristik übte. Das wilde Urwaldinnere ist prächtig; als Germanen hat er aber keine pathetischen Helden- und Operngestalten hingesetzt, wie fast jeder, der sonst an solche Themen ging, sondern lebendige, schlecht bewehrte Naturmenschen in verzweifeltem, ungleichem Kampf mit der Bestie des Urwalds. In München sollte das Elend der Böcklinschen Familie seinen Gipfel erreichen, als der Künstler schwer am Typhus erkrankte. Aber dann kam auch eine Wendung zum Bessern. Als im Frühjahr 1859 der „Pan im Schilf" (Abb. 9) im Münchener Kunstverein ausgestellt wurde, erregte das Bild großes Aufsehen und König Ludwig I. kaufte es für die Münchener Pinakothek an — eine Ehre, die damals größer war, als heute. Eine Bestellung Cottas in Stuttgart, der sich Schillers „Götter Griechenlands" illustrieren ließ, fällt auch in jene Zeit. Bedeutsam für Böcklin waren aber besonders zwei Ereignisse: die Bekanntschaft mit dem Grafen Stanislaus Kalckreuth, dem Direktor der Kunstschule in Weimar und die Bekanntschaft mit dem Baron Schack. Beide sollten auf des Künstlers Geschick, wenn auch nicht direkt auf seine Entwicklung — denn die war unabhängig von Persönlichkeiten! — großen Einfluß gewinnen. Graf Kalckreuth bot dem jungen Künstler eine Professur an seiner neugegründeten Kunstschule an und Böcklin griff mit Freuden zu. In München hat dieser übrigens bereits ein paar seiner berühmtesten Werke geschaffen, zuerst das „Schloß am Meer", auch unter dem Titel „Der Überfall" und „Der Mord im Schloßgarten" bekannt, die erste Version des öfter behandelten, stets aber von neuer Seite angefaßten Motivs der „Villa am Meer" und zugleich des Piratenüberfalls (1859). Im nächsten Jahr entstand der „Anachoret in wilder Felsgegend", dessen 1863 gemalte Wiederholung in den Besitz des Baron Schack überging, die „Hirtin bei der Herde" und das Prachtbild „Pan erschreckt einen Hirten" (Abb. 12), Bilder, welche ebenfalls die Schackgalerie zieren. Eine Wiederholung des letzteren besitzt des Künstlers treuer Freund, Paul Heyse. Wie beim „Pan im Schilf" ist auch bei diesem Panbilde eine Naturstimmung durch eine tiefinnerlich packende Verbindung von figürlicher Erscheinung und charakteristischer Landschaft zum Ausdruck gebracht, die „siedende", unheimliche Stille des Mittags in tiefer Einsamkeit, in welcher die Phantasie des Menschen ebenso leicht Gespenster sieht, wie um die Geisterstunde der Nacht. Mit diesen Bildern beginnt jene gewaltige Reihe von Böcklinschen Werken, in welchen die antiken Elementargeister als Verstärkung und Vertiefung der Naturstimmung ihre bedeutsame Rolle spielen. Über den Begriff „Staffage" reichen diese Gestalten, über deren wundersame Erfindung sich allein ein Buch schreiben ließe, weit hinaus. Aber ebensowenig ist auch da, wo diese schönen und schrecklichen, gewaltigen und drolligen, liebreizenden und gespenstischen Fabelwesen ihre Rolle spielen, die Landschaft etwa bloßer Hintergrund, wie bei anderen. Auch dann nicht, wenn etwa die Figuren den größten Teil der Bildfläche einnehmen. Ein Bild ist erstens einmal bei Böcklin immer ein Ganzes und das letzte Eckchen Hintergrund hat wenigstens seine Bedeutung in der Polyphonie der Farben, steht als Farbe wieder in Beziehung zu anderen Farben, die es heben oder dämpfen, vortreiben oder zurückdrängen hilft. Eine Figur gibt im farbigen Ensemble eines Böcklinbildes fast immer eine Hauptnote an. Dann bedeuten aber auch jene Böcklinschen Gestalten innerlich viel mehr, als Staffagefiguren. Sie verkörpern entweder symbolisch, wie durch Ausdruck und Farbe noch einmal den ganzen Stimmungsgehalt der Landschaft oder sie erläutern, verstärken, erweitern ihn. Man staunt, wenn man durch Schick, Lasius und Floerke erfährt, welche Fülle weisester Berechnung oft in einer so selbstverständlich und natürlich dastehenden Figur steckt. Liest man etwa bei Schick alle die Aufzeichnungen nach, welche sich auf die Entstehung der „Wiesenquelle" oder des Petrarcabildes beziehen, so mag man fast denken, das sei schon mehr Gelehrsamkeit als Kunst. In Wahrheit ist's

Abb. 32. Der Ritt des Todes. 1871. (Zu Seite 72.)

freilich höchste und reinste Kunst gewesen und in einem Böcklinschen Bilde wird noch nie einer etwas wahrgenommen haben, was „nach der Lampe riecht". Jene Erscheinung hängt aufs innigste mit der phänomenalen Begabung des Mannes zusammen, alles im Geist vorzubereiten, ja fertig zu arbeiten in einem Grade, daß die Ausführung auf der Leinwand manchmal fast als der sekundäre Teil seines Schaffens erscheint. Er führt seine Bilder im Geiste so weit aus, daß er sie — nur mehr zu malen braucht! Natürlich ist das cum grano salis zu verstehen. Auch Böcklin hat sich oft vor der Staffelei lange und redlich plagen müssen, bis er erreicht, was ihm vorschwebte und manches ging ihm verzweifelt schwer von der Hand. Jener Erfahrungsschatz mußte ja doch auch erst aufgesammelt, durch manches Irren und Mißlingen erworben werden. Daß er erworben werden konnte, dazu half dem Künstler ein, ans Wunderbare streifendes Gedächtnis und eine hohe Intelligenz. Ihm war es wohl unmöglich, etwas zu machen, dessen Zweck nicht von vornherein feststand, Farbe auf der Palette zusammen zu phantasieren, Kompositionen tastend und zufällig zu gewinnen. Es gibt und gab Maler, große Maler, deren Talent nur den Weg vom Auge zur Hand kennt — Leibl, Manet seien genannt und die ganze Reihe ihrer künstlerischen Vorfahren, die Frans Hals und Velasquez — und es gibt andere, die jeden Eindruck

Abb. 33. Sandsteinmaske von der Baseler Kunsthalle. 1871.
(Zu Seite 67.)

erst in ihrer Seele mehr oder minder bewußt umbilden und sich vor jedem Wie? erst über das Warum? und Wozu? klar werden müssen — die Böcklin und Hans Thoma und die kleine Schar ihrer echten Geistesverwandten und würdigen Schüler. Die Hand der erstern ist immer leichter, die andern, die auf jenem Umweg schaffen, arbeiten schwerer. Auf welcher Seite der reichere Gehalt und die tiefere Wirkung sind, bleibe dahingestellt.

Böcklins enormer Besitz an im Gedächtnis festgehaltenen Naturbeobachtungen hat ihm jene wundersame Schöpfungskunst ermöglicht, die wir in seinen Fabelwesen bewundern. Sie sind bekanntlich verblüffend organisch und unerschöpflich ist er in der Fähigkeit, seine Nixen und Nickelmänner, Wasserkentauren und Hippokampen immer wieder neu zu gestalten. Er geht darin viel weiter, als die Alten und hat die Einzelnheiten, die Bausteine zu diesen phantasievollen Schöpfungen allenthalben zusammengetragen. Je öfter er an die Meeresküste kam, je reicher wurden auch die Varianten seiner Seegeschöpfe. Jede Muschel und jeder Seestern, jede schillernde Qualle und jeder Tintenfisch, alle die hundertfältigen, in den rätselhaftesten Formen und herrlichsten Farben prangenden Meeresgeschöpfe, welche die Flut ans Land spült, oder das Netz des Fischers aus der Tiefe zieht, wußte er wieder zu verwerten und umzubilden. Die Fischschwänze seiner Meerfrauen und Wassermänner sind von einer Natürlichkeit ohnegleichen und doch existieren sie nirgends in der Schöpfung. Wenn ein paar Fachphilister darauf hingewiesen haben, daß Kentauren mit drei Paaren von Gliedmaßen und Wasserweiber mit gespaltenem Rückgrat organisch unmöglich seien, so weist das auf einen bejammernswerten Mangel an Denkfähigkeit in künstlerischen Dingen. Denn einmal kommt es auf die naturgeschichtliche Möglichkeit da, wo eine Erscheinung künstlerisch wahr erscheint, überhaupt nicht an und zweitens ergeht sich gerade die Mythologie aller Zeiten und Religionen mit Vorliebe in Abweichungen von der naturgeschichtlichen Norm. Die christlichen Engel mit ihren Schwingen haben auch drei Paar Gliedmaßen und der Hippogryph hat sie auch und allerlei buddhistische Gottheiten haben ihrer noch viel mehr. Die Nixe mit dem gespaltenen Rückgrat entspricht einer uralten Vorstellung und kommt schon im alten Nürnberger Stadtwappen vor. Zu allem Überfluß in diesem Berechtigungsnachweis gibt es aber wirklich, von Mißbildungen ganz abgesehen, Zierfische mit doppelten Schwänzen. Dies nur nebenbei, denn zur Frage der Berechtigung solcher Phantasiegeschöpfe sagt alles dieses ja gar nichts. Böcklin ist durch seine ununterbrochenen Naturbeobachtungen zu einem Genie der Kombination gekommen in diesen Dingen, das überraschend ist. Er sah die Gestalt jeder Pflanze beim Spazierengehen, sah jeden Falter und Vogel auf Bau, Bewegung und Farbe an und war schließlich fähig, die kompliziertesten Pflanzengruppen, wie auch Tiertypen so zu erfinden, daß jeder glauben mußte, sie seien nach der Natur gebildet. Er erzählte selbst, daß er oft Pflanzen in seinen Landschaften anbrachte, von denen er erst später erfuhr, daß ganz ähnliche Formen wirklich in der Natur vorkämen und ein klassisches Beispiel seines Genies auf diesem Gebiete sind die drei Vögel auf seinem Meisterwerk „Meeresstille". Er gab den Möwen, welche seinem unheimlich schönen Meerweibe Gesellschaft leisten, aus irgendeinem Kompositionsbedürfnisse schwarze Köpfe, um lange nachher zu erfahren, daß eine solche Möwe, Larus melanocephalus heißt sie, tatsächlich existiert. Der Fall ist so merkwürdig, daß man immerhin auch an ein unbewußtes Erinnern glauben möchte. Denn jene Möwe ist im Mittelmeer häufig, an dessen Ufern Böcklin, als er dies Bild malte (1887), schon oft genug geweilt hatte. Seine Erfindungsgabe ist an anderen Dingen außerdem so reichlich bewährt, daß es auf diesen einen verblüffenden Zug wirklich nicht mehr ankäme. Einen Beweis für dieses außerordentliche Talent, das Gesetzmäßige in der Natur zu erfassen, liefert auch des Malers immer gleich prachtvolle Malerei des Wassers. Die Gestalt der Wellen und des weißen Schaumnetzes auf der durchsichtig-dunklen Flut ist stets so unübertrefflich naturwahr gegeben, wie einer dies mit dem üblichen Studienmalen nie erreichen würde. Das kann nur der, welcher in unermüdlichem Zusehen sich über die Gesetze und Kräfte klar geworden ist, welche in ihrer Wirkung auf das Wasser jene Formen immer wieder bilden und verändern. Millionen von Varianten sind möglich — und doch ist es selten genug, daß einer auch nur eine dieser Varianten erhascht und glaubwürdig darstellt. Böcklin mißlang es wohl nie. Aber zurück zu der Weimarer Episode, die freilich nur knapp zwei Jahre dauern sollte, so große Hoffnungen der Maler ursprünglich daran geknüpft hat. Mit Arnold Böcklin zusammen waren noch Franz Lenbach und Reinhold Begas vom Grafen Kalckreuth berufen worden. Feuerbach hatte abgelehnt. An Begas

Abb. 34. Sandsteinmaske von der Baseler Kunsthalle. 1871.
(Zu Seite 67.)

40

schloß sich der Maler in warmer Freundschaft an, die bis zum Schlusse von Böcklins Leben währte. Dieser hat immer des Berliner Bildhauers vielseitiges Können gerühmt und merkwürdigerweise hat das Beste, was Begas schuf — man sehe nur das Mittelstück des Berliner Schloßbrunnens an! — große innere Verwandtschaft mit Böcklins Art, zu sehen und zu erfinden. Zur Weimarer Zeit lebten sie in fröhlicher und herzlicher Harmonie, und als Begas seinen Entwurf für das Berliner Schillerdenkmal gießen mußte — Gipsformer gab es in der Goethestadt nicht! — machte Böcklin geduldig des Freundes Gehilfen. Trotz manchen anregenden Verkehrs — auch Liszt und Gustav Floerke, der dort als Lehrer der Kunstgeschichte tätig war, lernte Böcklin in Weimar kennen — gefiel es ihm bald nicht mehr dort. Die Tätigkeit eines akademischen Lehrers entsprach ihm wohl überhaupt nicht und außerdem hatte er von solcher Tätigkeit andere, freiere Begriffe, als man sie dort wünschte. Weimar war trotz aller großen Traditionen ein philiströses Nest und schon nach weniger als einem Jahre hatte er es satt, was recht deutlich aus einem Brief hervorgeht, den er im Sommer 1861 an einen Freund schrieb. Da heißt es u. a., wie Schmid anführt: „Ist es nur einigermaßen leidlich, sich stündlich sein bißchen Überzeugung mit allen zu Gebote stehenden Waffen verteidigen zu müssen und dann doch kaum noch für ehrlich zu gelten?" — Und weiter: „Ich will zufrieden sein, wenn ich ehrlich durchs Leben komme; wenn ich die Hälfte von meinen Bildern zum halben Preis verkaufe; wenn mich kein Mensch

Abb. 35. Sappho. 1871. (Zu Seite 79.)

Abb. 36. Selbstbildnis. 1872. Königl. Nationalgalerie zu Berlin.
Mit Genehmigung der Photographischen Union in München. (Zu Seite 80.)

Abb. 37. Melancholie. 1871. (Zu Seite 80.)

ansieht. Aber ungeschoren will ich sein und meine eigenen Wege gehen!" Man sieht schon an diesen Proben, wo den Meister der Schuh drückte. Er war nicht frei in Weimar und paßte überhaupt nicht für ein Amt. „Im Dienst" ist ein schlimmes Wort, nicht bloß für einen Musikus, wie Jung Werner, sondern auch für einen Maler, und die Fesseln drückten Böcklin so sehr, daß er sie im Herbste 1862 sprengte.

Trotz alledem waren die beiden Weimarer Jahre reich an künstlerischen Ergebnissen gewesen. Zunächst malte er eine Venus, die Amor auf die Jagd sendet, etliche Bildnisse, darunter das interessante Doppelbildnis von Lenbach und Begas, den ganz altmeisterlich einfach gehaltenen, wunderbar scharf gezeichneten Kopf Lenbachs (Abb. 14) und das lebensgroße Bild der einst so hochgefeierten Tragödin Fanny Janauschek (Abb. 15), die, wenn ich nicht irre, unlängst in tiefem Elende in Amerika gestorben ist. In dem versonnenen, wehen Blick der schönen Frau liegt etwas wie eine Ahnung von dem Ende, das ihr wirklich beschieden war, ein Schatten hoffnungsloser Trauer. In vier Sommermonaten des Jahres 1862 schuf Böcklin auf Bestellung des Baseler Museums die fast $3^{1}/_{2}$ Meter breite „Jagd der Diana" (Abb. 13), die ihn schon länger beschäftigt hatte. Die schöne reiche Landschaft, welche den Hintergrund bildet, erinnert an die Ergebnisse seiner ersten römischen Zeit. Auch als Plastiker hat sich Böcklin damals, angeregt durch den Umgang mit Begas, ja mit dessen direkter Unterstützung, versucht; er nahm teil an einem Wettbewerb um ein Denkmal für Schweizer Helden, gewann aber nicht den Preis. Doch wurde seine Idee mit der des Siegers im Wettbewerbe, des Malers Stückelberg, zusammengeschmiedet und kam so teilweise

zur Ausführung. In materieller Hinsicht, wie in ideeller hatte sich übrigens Böcklins
Lage während des Weimarer Aufenthaltes bedeutend gehoben. Sein Name gewann
einen guten Klang und er wurde nicht nur durch jene Bestellung der Hirschjagd der
Diana endlich auch von der Heimatstadt anerkannt, auch andere Leute, ein Fürst von

Abb. 38. Überfall einer Meeresburg durch Seeräuber. 1872. Schlesisches Museum zu Breslau. (Zu Seite 81.)

Reuß und die Großherzogin von Weimar kauften Bilder von ihm, er hatte in Schack
einen Gönner gefunden, mit dem er freilich nicht immer zufrieden war, der aber doch
seinen Ruhm mit begründen half, und außerdem hatte er einen Schatz von vollen
7000 Franken gesammelt, der es ihm ermöglichte, dem Herrendienste Gute Nacht zu
sagen und mit Begas nach Rom überzusiedeln. Sie trafen sich im Herbst 1862 in

einer römischen Kneipe vor der Porta salara. Begas war mit Böcklin in der ewigen
Stadt übrigens auch schon während dessen erstem römischen Aufenthalt zu Beginn der
fünfziger Jahre zusammengewesen und es ist rührend zu lesen, was der Bildhauer
von seinem großen Freunde erzählt. Böcklin hatte damals ein köstliches Bild mit einer
ruhenden Diana in dunklem Hain gemalt. Es ging ihm materiell geradezu miserabel,
und er lebte schon seit längerer Zeit mit den Seinigen von einem Säckchen mit Bohnen,
das er um einen Bajocco gekauft hatte. „Endlich war ein reicher norddeutscher In=

Abb. 39. Bildnis der Tochter des Künstlers (Frau Klara Bruckmann). 1872/73.
(Zu Seite 80.)

dustrieller gefunden, der auf das Böcklinsche Bild aufmerksam gemacht wurde. Er
kam zu Böcklin, es gefiel ihm außerordentlich, er wollte es sofort kaufen, wenn Böcklin
die Diana auf demselben übermalen würde. Er wollte nur den Wald allein ohne
ein lebendes Wesen darin. Böcklin, obgleich es für ihn die Arbeit einer Stunde
gewesen wäre, die Diana zu übermalen, und er sich sofort in Geldüberfluß befunden
hätte, lehnte es ab, an dem Bilde irgend etwas zu ändern; der reiche Nordländer reiste
ab, und Böcklin aß mit seiner Familie weiter an seinen Bohnen.“

Für den Baron Schack hatte Böcklin schon im Jahre 1860 zwei Bilder gemalt,
respektive sie an ihn verkauft und zu Beginn seines neuen römischen Aufenthaltes
schuf er für diesen die Wiederholung des Anachoreten, jenes in seiner Malweise so

eigenartig „modern" anmutende Meisterwerk der Münchener Schackgalerie, das einen
Einsiedler an steiler Felswand sich geißelnd darstellt. Mit seinen Mäcenen hatte der
Künstler aber nun einmal kein Glück und mit Schack auch nicht. Die meisten von den

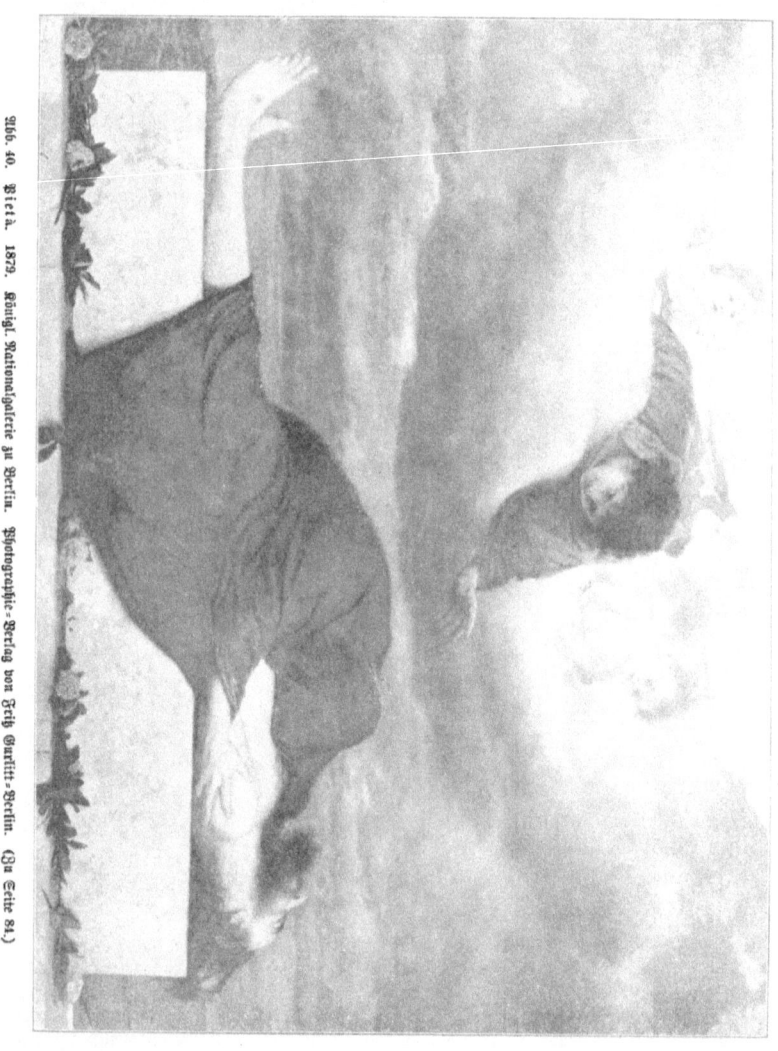

Abb. 40. Kiel. 1879. Königl. Nationalgalerie zu Berlin. Photographie-Verlag von Fritz Gurlitt-Berlin. (Zu Seite 84.)

sechzehn Bildern Böcklins, welche Schack für seine Sammlung erwarb, hat dieser direkt
schlecht bezahlt; er gab für manches der Bilder wohl nicht so viele Hunderte, als es
heute Zehntausende wert ist. Der Graf war sich dabei aber sicher keiner Ausbeutung
bewußt und man muß denken, daß Böcklin auch lange nachher für den Kunsthandel

Abb. 41. Triton und Nereide. 1873/74. Schackgalerie zu München.
Mit Genehmigung der Photographischen Union in München. (Zu Seite 84.)

Abb. 42.
Ceres und Bacchus. 1874
(Zu Seite 80.)

noch kein Mann von großen Preisen war! Schack war ein Sammler ohne viel
eigenen Geschmack, aber mit dem guten Willen, die beste Malerei seiner Zeit in einer
Galerie zusammenzubringen, ohne daß er exorbitante Mittel zur Verfügung hatte. In
künstlerischen Dingen besaß er keine tiefere Einsicht, dabei aber wohl das starke Selbst=
gefühl dem Künstler gegenüber, das wohlhabende Leute in Deutschland und anderswo
immer haben, wenn sie ihr Geld in Bildern anlegen. So erlaubte er sich gegen
Böcklin alle jene Nörgeleien und kränkenden Einwürfe, Bedingungen und Forderungen,
welche solche Kunstgönner nun einmal für ihr gutes Recht ansehen. Zudem war er
halb erblindet und hatte, wie Böcklin selbst äußerte, seine Galerie eigentlich nie ge=
sehen. Bei seinen Ankäufen war er vielfach nur dem Rate anderer gefolgt und wo
er selber urteilte und kaufte, irrte er kräftig genug. Persönlich haben sich der Graf
und der Künstler nie nahe gestanden und das Verhältnis, das erlosch, als Schack keine
Bilder Böcklins mehr kaufte, war, wie Frey einfach und deutlich sich ausdrückt, das
geschäftliche zwischen Käufer und Künstler. Böcklin, auf welchen einst Paul Heyse den
Grafen aufmerksam gemacht hat, sagte selbst: „Schack hat wenig verstanden. Lenbach
und Paul Heyse mußten ihm die Uhr aufziehen. Vor einem neuen Bilde versagte
er. Er sah es durch den Opernglucker an (notabene aus nächster Nähe!) und ging
dann schweigend weg. Nachdem ich ihm die Villa am Meer in Tempera gemalt hatte,
verlangte er, da Tempera nicht solid sei, eine andere in Öl. Die bezahlte er, aber
die erste behielt er auch, ohne mir einen roten Pfennig dafür zu bezahlen. Und ich
hätte gerade damals (1864) das Geld so bitter nötig gehabt." Das unsolide Bild,
das der gräfliche Mäcen umsonst erworben hat, ist heute eine Summe wert, die man
mit sechs Ziffern schreibt. Es ist kein Wunder, wenn Böcklin über Schack später hart
geurteilt hat, zu einer Zeit, da ihm das Gefühl, unwürdig behandelt worden zu sein,
das Blut in die Schläfen trieb. Er hat in anderen Stunden übrigens auch freund=
licher vom Grafen gesprochen und diesen liebenswürdig in seinem Atelier aufgenommen.
Erwidert hat er des Grafen Besuch aber nie. Schack hat an Böcklin, wenn er Bilder
kaufte, gehörig geschulmeistert und mit seinen Ansichten, wenn ihm etwas mißfiel, durch=
aus nie hinter dem Berge gehalten. Und Böcklin, der damalige arme Teufel Böcklin,
mußte bescheiden sich fügen und — fügte sich. Die zwei Briefstellen, die wir weiter unten
(Abb. 106) im Fakfimile geben, illustrieren den Ton, zu dem der Künstler dem Käufer
gegenüber gezwungen war, recht deutlich und lassen auch den Ton ahnen, den sich der
Käufer gegen den Künstler erlauben durfte. Noch drastischer geht das alles aus einem
Briefe hervor, den Böcklin im März 1866 an den Baron — damals hatte Schack ja den

heißersehnten Grafentitel noch nicht errungen — schrieb. H. A. Schmid reproduziert im Text des Großen Böcklinwerkes (Band IV) den Brief. Böcklin dankt darin für einen Wechsel von 250 Gulden und schreibt dann: „Daß Ihnen aber alle drei zugesandten Gemälde mißfallen haben, wirkte so entmutigend, besonders, da ich das Gegenteil zu hoffen gewagt, daß Tag um Tag verstreicht, ohne mich dem Ziele merklich näher zu bringen. So übersende ich Ihnen, verehrtester Herr Baron, diese paar Zeilen und verspare fernere Anzeigen auf einen späteren Brief, da auch dieses überwunden sein wird!" Wieviel Tragik liegt in den letzten Worten!

Auch der zweite römische Aufenthalt Böcklins, der von 1862 bis 1866 gedauert hat, brachte dem Künstler Sorgen und Aufregung genug und in der ersten Zeit sind wenige von seinen bedeutenden Werken entstanden. Es war eine Zeit des Suchens und der künstlerischen Umgestaltung und vor allem eine Zeit der mühevollsten technischen Experimente. Fast jedes Bild, das der Gemäldekatalog aus jenen Jahren verzeichnet, hat eine andere Maltechnik. Die kraftvolle Sappho, die er 1862 nach einer Büste der Villa Albani begann, ist in antiker, enkaustischer Manier gemalt, das bekannte Bildnis Joseph von Kopfs (1863) in Tempera, der Faun mit der Amsel (Abb. 16) in Öl und das Bildnis von Frau Böcklin (Abb. 17) in Weihrauchmalerei ausgeführt und mit Wachs überzogen. Eine Reise nach Neapel hatte den Künstler mit den pompejanischen Gemälden und vielen anderen Werken alter Kunst bekannt gemacht, die ihn zu Versuchen anregten und wohl überhaupt erst dazu brachten, über die Gesetzmäßigkeit in der Farbengebung, die Dosierung und Verteilung der Farben in einem koloristischen Ganzen tiefer nachzudenken. Bekanntlich zeigen auch die rein dekorativen Malereien der Pompejaner nach dieser Richtung einen sehr hoch entwickelten Geschmack und zielbewußte Praxis. Über diese Umwandlungen in dem Künstler geben viele aufgezeichnete

Abb. 43. Pan und Nymphe. 1874. (Zu Seite 89.)

Gespräche mit Schick und andern reiche Aufschlüsse — auch darüber, wie die Kunst der Italiener auf ihn Eindruck machte, ohne aber direkt in seinem Stil fühlbar zu werden. Böcklin, der in so vielem ein glänzendes Vorbild ist, ist es auch in der Art, wie er von den Alten, überhaupt, wie er von andern lernte, ohne jemals auch nur eine entfernte Neigung zur Nachahmung zu zeigen. Bei ihm hatte jeder Eindruck, der von außen kam, von Natur oder von Kunst, erst eine Umwertung in der starken eigenen Persönlichkeit durchzumachen, ehe er wieder als künstlerische Tat frei wurde. Nur in

Abb. 44. Frühlingsstimmung. Zwischen 1871 und 1874. (Zu Seite 90.)

den Lehrjahren sozusagen, die man mit dem Beginn der sechziger Jahre wohl für abgeschlossen halten kann, wird hin und wieder ein direkter Einfluß deutlich — Schirmer, Dreber! Später hat er gewisse ältere, namentlich niederdeutsche Meister mit heißer Inbrunst verehrt, aber nie im geringsten gealtertümelt oder genaivelt, wie es andere Verehrer der Alten taten. So ging es ihm erst mit den italienischen Quattrocentisten, dann mit den Van der Weyden und anderen. Er sah ihnen anderes ab: wie man Farben durch Kontrast zur Wirkung bringt oder abschwächt, wie man dem Gemälde die größtmögliche Dauer in voller Schönheit sichert, wie man vielleicht im Dienste eines höheren malerischen Zweckes die schulmäßige Korrektheit einer Form oder Raumgestaltung

51

zum Opfer bringen kann. Das direkte Nachahmen der Alten bis zu den Valeurs der nachgedunkelten Töne und der braunen Patina des chemisch veränderten Firnisses war ihm unverständlich, ja einfach komisch. „Die Alten haben ja auch keine Antiken machen wollen," pflegte er zu sagen.

Über Böcklins Leben in Rom finden wir eine hübsche Andeutung in den „Lebenserinnerungen eines Bildhauers", die Joseph von Kopf aufgeschrieben hat. Man sieht

Abb. 45. Sirenen. 1874—1875. (Zu Seite 94.)

daraus, von welch reicher Herzensgüte der Meister war. Obgleich er mit seiner großen Familie selbst kaum Platz in seiner engen Wohnung an der Via Babuino hatte, lud er ein frisch angekommenes junges Paar, den Maler P. mit seiner Frau, sich dennoch als Logiergäste ins Haus, um ihnen den kostspieligen Aufenthalt in Rom zu ermöglichen. Als die Frau später niederkam — P. war inzwischen in ein Atelier umgezogen — nahm Böcklin die junge Mutter mit dem Neugeborenen wieder zu sich. Als die Arme starb, nahm er sich auch des Kindes noch an. Er wußte selbst nur zu gut, wie bitter

4*

Armut in einer jungen Künstlerehe schmeckt. In Rom ist Böcklin schon früher mit Feuerbach zusammengekommen und dieser war zur stürmischsten Bewunderung hingerissen durch Böcklins Kunst, so daß er ausrief: „Ich muß von vorn beginnen!" Er verkehrte viel mit Böcklin und bildet mit diesem, Begas und dem Kupferstecher Allgeyer zusammen ein Gesangsquartett. Böcklin hat in Feuerbach namentlich das große Kompositionstalent anerkannt, die ausgezeichnete Begabung für das Dekorative, die unser Meister gewiß selber in geringerem Maße besaß, als manche andere malerische Tugend. Die ganze Schaffensweise Feuerbachs, der mit einer Farbenidee beginne und erst nachher einen Gegenstand dazu suche, der nie den Gedanken eines Bildes im Sinne habe, sondern die Vorstellung, daß das Bild wie ein Tizian oder ein Caracci aussehen müsse, verurteilte Böcklin mit scharfen Worten. Er selber war ja in allem anders!

In der ersten, wie gesagt, relativ weniger fruchtbaren Zeit seines zweiten römischen Aufenthaltes, arbeitete Böcklin fast nur kleinere Sachen, die offenbar fast immer der Gegenstand technischer Experimente waren, darunter relativ viele Bildnisse und Studienköpfe. Der Enkaustik seiner „Sappho" hat er viele Zeit und Mühe gewidmet. Er suchte nach einer möglichst dauerhaften Technik und ließ sich die Mühseligkeit jener antiken Wachsmalerei nicht verdrießen, die eine weniger intensive Willenskraft sicher abgestoßen hätte. Das Arbeiten mit den zähen Wachsfarben, die er sich doch erst selber schaffen

Abb. 46. Lautenspielerin. 1875. Schlesisches Museum zu Breslau. (Zu Seite 96.)

Abb. 47. Idylle. 1875. (Zu Seite 96.)

mußte, erforderte unendliche Geduld — aber Böcklin wollte eine Technik haben, welche die Frischerhaltung des Kolorits auf lange gewährleistete. Vielleicht spielten die Quengeleien Schacks da bereits eine Rolle. Gegen die reine Ölmalerei hatte der Künstler jedenfalls früh eine Abneigung gefaßt und seine farbenreichsten Wunderwerke sind auch ausschließlich in Malweisen ausgeführt, die zu irgendeiner Gattung von Tempera zählen, wobei die Ölfarbe oft noch zur letzten Überarbeitung in Frage kam. Von der Ölfarbe sagte er, sie habe auf die Kunst verflachend gewirkt, wie das Klavier auf die Musik. Der Sappho folgte in Wachsmalerei der bekannte Römerkopf mit dem roten Mantel, das Bild einer Römerin (Signorina Clara) mit sehr ausdrucksvoller Hand. Bildnisse Joseph von Kopfs, der Frau Böcklin als Muse mit offenem Haar und lichtem, reichen Faltengewand, dann mit rotem Haarnetz (Abb. 17), mit schwarzem Haarnetz 2., ein Doppelbildnis des Künstlers und seiner Frau, die durch eine Herbstlandschaft schreiten, ein Bild von des Künstlers frühverstorbenem Töchterlein Lucia, das so schlicht und ganz anspruchslos gemalt ist, wie ein Defreggerköpfchen und noch andere Bildnisse. Auch ein paar kleinere Landschaftsbilder, wie die schöne römische Gebirgslandschaft mit der Brücke und ein Waldbild, das die Stuttgarter Galerie besitzt, entstanden damals. Meist handelt es sich bei diesen Sachen um kleine Formate. Die erste bedeutsame Frucht dieser römischen Zeit ist die Villa am Meer vom Jahre 1864 (Abb. 18). Ueber den Inhalt dieses Gemäldes, das in Deutschland außerordentlich populär geworden ist, ist weitere Erörterung nicht vonnöten. Der Künstler hat in die melancholisch

Abb. 48. Bildnis Adolf Bayersdorfers. (Zu Seite 100.)

großartige Landschaft eine Stimmung der Trauer um den letzten Sprossen eines ruhmreichen Geschlechtes, der in der Ferne verschollen ist, legen wollen. Die dunkelgekleidete Frauengestalt, die sehnsüchtig in die Weite des Meeres blickt, erläutert diesen Gedanken mit jener zwingenden Stimmungsgewalt, welche Böcklinschen Staffagen so oft eigen ist. Der nimmermüde Techniker hatte das Bild mit Weihrauch und Sandrog gemalt, die mit Wasser vermischt mit der Farbe verrieben wurden. Dann tränkte er die Fläche mit geschmolzenem Wachs. Graf Schack hat sich bekanntlich die Ausführung der für ihn bestimmten Bilder in Tempera verbeten und so kam es zu der oben erwähnten Affäre. Die zweite Version der Villa am Meer, die Böcklin dem unbefriedigten Mäcen liefern mußte, hat der Künstler nach Schick in drei Wochen heruntergemalt. Allerdings scheint er das Bild schon im Juni 1864 begonnen und dann fast ein Jahr stehen gelassen zu haben. Die Landschaft ist nur in der großen Anlage die gleiche, in jeder Einzelheit aber verändert. Haben auf dem ersten Bilde die wuchtigen Zypressen nur die charakteristische Beugung aller am Meeresstrand regelmäßigen Winden ausgesetzten Bäume, so erscheinen sie hier wirklich vom Sirokko gepeitscht. Bleigraue Sirokkostimmung statt des warmen Abendgoldes vom ersten Bilde liegt über der Landschaft. Weißer Gischt säumt die ans Ufer rauschenden Wellen. Die Architektur der Villa ist reicher gegliedert und im Mittelgrunde sehen wir ein antikes Brunnenwerk. Luft und Meer sind mit Leimfarbe gemalt, das andere dann mit Ölfarben daraufgesetzt. Dies Bild, das W. Hecht in zwei Formaten radiert hat — einmal für den Münchener Kunstverein —, ist vielleicht noch mehr verbreitet und auch, wenn möglich, noch schöner und großartiger als die erste Fassung, welche übrigens heute zweifellos matter in der Farbe erscheint als sie ursprünglich war. Arnold Böcklin hat noch drei andere „Villen am Meer" in verschiedenen Beleuchtungen und mit immer veränderter Landschaft geschaffen und zuletzt noch eine Variante bei Nacht. Es ist von großem Reiz, zu beobachten, wie seine Formenphantasie reich genug ist, derartige Varianten so zu gestalten, daß kein Fleckchen auf dem einen Bilde der gleichen Stelle auf dem andern gleicht, wie Stimmung und Farben unendlich verschieden sind und doch der große Gesamteindruck bleibt. Es ist schwer, im Gedächtnisse die Varianten der Böcklinschen Villa am Meer oder der Toteninsel auseinanderzuhalten. Sähe man sie nebeneinander, so würde man freilich elementare Verschiedenheiten erkennen. Die dritte Version der Villa am Meer läßt die Landschaft ganz von Abendglut übergossen erscheinen und ist vielleicht nicht die glücklichste, ist nicht so ergreifend, wie die andern in ihrer ruhe= und trauervollen Stimmung. Düster und kraftvoll mit schwerem dunkelblauen Himmel ist die vierte Variante (von 1877), die Stuttgart besitzt. Das Nachtstück von 1878—80 gehört Freiherrn M. von Heyl in Darmstadt, dem glücklichen Eigner so vieler Meisterwerke Böcklins. Baron Schack hat Böcklin 1864 in Rom besucht, während dieser an der ersten Villa am

Meer arbeitete. Böcklin hatte damals mit Lenbach und von Hagen zusammen ein großes Atelier inne, wo er das Bild, wie der Baron meinte, in „unsolider Technik" schuf. Schack erzählt übrigens ganz unbefangen von seinen Nörgeleien und davon, daß er die beiden Bilder behielt, er, der doch nur eins und noch dazu recht mäßig bezahlt hatte. Liest man seine Aufzeichnungen in dem, als geschichtliches Material genommen, sehr interessanten Büchlein „Meine Gemäldesammlung", so erhält man den Eindruck, daß er sich gewiß nie irgendeines Unrechts gegen Böcklin bewußt war. Wenn er gleich mit der unbefangenen Rücksichtslosigkeit des Sachunverständigen an Böcklin herumkrittelt, hat er doch auch Worte der höchsten Bewunderung für ihn. Das hindert ihn nicht, das Bild die „Wiesenquelle" in der Ausführung „so sehr mißraten" zu finden, „daß er es in Böcklins eigenem Interesse nicht aufzuhängen wagte". Und weil der notleidende Maler sich diese himmlische Anmaßung geduldig gefallen lassen mußte, meint sein Gönner: „Er bewährt sich als echter Künstler, indem er mir mein unumwunden ausgesprochenes Urteil nicht verübelte, vielmehr es bald selbst als richtig erkannte." O, Selbsttäuschung! In Wahrheit ist das Beugen unter die Meinung eines

Abb. 49. Flora, Blumen streuend. Karton zu einem Glasfenster. 1875.
(Zu Seite 94 und 96.)

Abb. 50. Flora, die Blumen weckend. 1876.
Mit Genehmigung der Photographischen Union in München. (Zu Seite 96.)

Laien, von dem er abhängig war, wahrhaftig nicht gerade ein Beweis des echten
Künstlertums, sondern nur ein Beweis der echten Not, in der unser Maler steckte!
Und dann wissen wir aus Schicks Aufzeichnungen, wie sehr gerade dieses, 1869 voll=
endete Bild dem Meister ans Herz gewachsen, wie tiefsinnig es empfunden, wie geist=

Abb. 51. Pietà. 1877. (Zu Seite 98.)

reich es durchdacht, wie sorgsam es auf alle seine Wirkungen berechnet war! Wer
Böcklins Malerei vollkommen verstehen will, muß diese ausführlichen Aufzeichnungen
studieren, dann wird er erkennen, daß es für den Maler Böcklin im Bilde überhaupt
nichts Nebensächliches gab, nichts, was nicht wieder seine Beziehungen zu anderen
Teilen des Werkes hatte. Kein Halm und keine Blume ist etwa nur deshalb vor=
handen, weil der Maler eben gerade einen Halm und eine Blume an jene Stelle zu

setzen Lust hatte; jeder Halm und jede bunte Blüte hat besondere Mission in der
Bilderscheinung, erfüllt einen dem Maler bewußten, dem Beschauer nur in der Wirkung
deutlichen Zweck. Darum ist diese Wirkung bei Böcklin immer so ungeheuer intensiv.
Die wahrhaft künstlerische Arbeit, die an ein Werk gewendet ist, kommt ja immer
wieder als Eindruck auf den Beschauer aus ihm heraus. Je mehr ein Künstler in
einem Werke von seinem Wesen gegeben hat, desto länger hält es auch fest! Jenes
Quellbild, um das es ihm so sehr zu tun war, hat Böcklin bekanntlich ungezählte
Male umgestaltet, bis er zufrieden war. Es entstand zunächst im Jahre 1868 aus
der für Cotta gearbeiteten Grisaille „Die Götter Griechenlands" in ganz anderer

Abb. 52. Charon. 1877. (Zu Seite 98.)

Form, welche jetzt unter dem Titel „Liebesfrühling" im Besitze des Herrn von Heyl in
Worms ist. Hier wird die Quellnymphe von einem jugendlich schönen Faun belauscht
und Böcklin, der damals schon immer zielbewußter nach Einheitlichkeit des künstlerischen
Gedankens im Bilde strebte, sah in dieser Andeutung einer Liebesszene ein novellistisches
Moment, das die Grundidee verschleierte. Die Quelle in dieser Frühlingslandschaft
mit ihrer erfrischenden und belebenden Wirkung ist das Motiv und alles andere, die
Nymphe wie die Faune und der entzückend schwebende Puttenkranz, soll nur diesen
einen Gedanken vertiefen und erweitern. In diesem Sinn muß man den Böcklin seiner
reifen Zeit immer verstehen, ob nun sein Bild Schweigen im Walde, Toteninsel oder
Meeresstille heißt. Notabene: Die Titel Böcklinscher Bilder, so treffend manche
klingen, sind vielfach nicht von ihm, sondern erst im Kunsthandel entstanden. Er

Abb. 53. Die Gefilde der Seligen. 1878. Königl. Nationalgalerie zu Berlin.
Mit Genehmigung der Photographischen Gesellschaft in Berlin. (Zu Seite 98.)

wollte selber meist mehr und weniger im Bilde sagen, als solch ein Titel ausdrücken kann!

Fast gleichzeitig mit der zweiten Villa am Meer erhielt Graf Schack die „Altrömische Weinschenke" (Abb. 19) vom Künstler, ein Bild von solchem Reiz und solcher Fülle der landschaftlichen Komposition, daß der Käufer enthusiastisch ausruft, es sei so eigenartig in Erfindung und Behandlung, daß er keinen Maler alter oder neuer Zeit kenne, aus dessen Phantasie ähnliches hätte hervorgehen können. „Er halte es sogar für unmöglich, das Bild zu kopieren!" Hier zeigt Schack doch eine starke Ahnung von der Größe Böcklins. Das Motiv des Bildes ist aus der Gegend vor der Porta del popolo in Rom genommen, wo es hinausgeht zum Ponte molle, der „trefflichen Bruck", die auch zu Scheffels Zeiten noch einen feuchtfröhlichen Ruhm besaß. Auch von diesem Bilde hat der Meister ein paar Varianten gemalt. Das farbenprächtige Urbild in der Schackgalerie geht leider mit Windeseile der Zerstörung entgegen. Dann entstanden etliche schöne Frauenköpfe, das Konterfei der verstorbenen Frau Mähly, eines der liebreizendsten Frauenbildnisse, die je gemalt worden sind und die „Viola" mit dem grünen Schleier, an welcher Böcklin gleichzeitig mit der „Klage des Hirten" malte. Dies letztere Bild (Abb. 20) hat verschiedene Titel gehabt, und heißt auch nach der Idylle des Theokrit, welcher das Motiv entstammte, „Daphnis und Amaryllis". Es ist wohl eins der meistgekannten Werke der Schackgalerie, gleich bezaubernd durch die Anmut der halbwüchsigen Jünglingsgestalt, wie durch die märchenhaft-geheimnisvolle Erscheinung der Nymphe in der Grotte, durch die wundervolle Ausführung der Blumen, Früchte und Efeuranken, die heute nach fast vierzig Jahren noch aussehen, als wären sie gestern gemalt. Die milde, sanfte Stimmung des Bildes ist von wundersamer Einheitlichkeit, in Farben und Linien, im Ausdruck der Gesichter und im ganzen Gegenstande überhaupt durchgeführt. Die wohlig-weiche Müdigkeit eines lauen Frühlingstags liegt auf allem. Ein harmonischeres Werk hat auch Böcklin nie geschaffen. „Die Nymphe möchte man anders wünschen", schulmeistert Schack. In Rom hat Böcklin auch mehrere Bildnisse seines Freundes Lenbach geschaffen, von dem ihn das Leben bald trennen sollte. Aus den Freunden sind später zornige, nachtragende Feinde geworden, von denen keiner dem andern mehr gerecht wurde. Der Ursache dieser Feindschaft nachzuspüren, die anläßlich eines gemeinsam gemalten Bildes des Kaisers Franz Josef ausgebrochen sein soll, hat wenig Zweck. Die Künstler waren sich nahe getreten, als zwei hochstrebende geniale junge Maler, welche das Schicksal zusammenführte ins gleiche Milieu; sie hatten innerlich wenig gemeinsam, was zahlreiche Äußerungen des einen wie des andern bezeugen. Namentlich in bezug auf Bildnismalerei hatten sie weit auseinandergehende Ansichten, die jeder hartnäckig verfocht. Ebenso sind sie in ihrer Art, von den alten Meistern zu lernen, von stark divergierenden Grundsätzen. Böcklin verfolgte auch beim Bildnis den Grundsatz der künstlerischen Einheit, wollte, daß Farbe und Anordnung, Gewand usw. dem Wesen des Urbildes entsprächen. Für Lenbach ist die Charakteristik des Kopfes, das Herausarbeiten des Individuellen in diesem allein das Ausschlaggebende und er setzt seine Köpfe ohne Rücksicht auf dies Individuelle in eine allgemeine malerische Umgebung. Für Böcklin war, dessen innerstem Wesen nach, die Handhabung einer ausgeprobten stereotypen Malerei für alle Zwecke, wenn sie auch mit so glänzender Meisterschaft betrieben war, wie die Lenbachs, ein Ding der Unmöglichkeit. Für ihn begann die Frage des Wie? in der Malerei mit jedem Bilde aufs neue. Und wie er nie etwas allgemein, schematisch angefaßt hat, so ist auch in keinem seiner Bildnisse ein Farbenfleck ohne Bedeutung. Böcklin konnte in bezug auf Bildnismalerei wohl „mitreden", zählt doch der Bilderkatalog etliche siebzig Bildnisse von seiner Hand auf; da konnte er doch wohl schon mitreden. Außerdem gab es für ihn kein Fach in so enger Umschreibung, wie sie der Begriff „Porträtmaler" darstellt. Böcklin hat alles gemalt, was ihm malenswert schien, ja er hat überhaupt alles gemalt, außer moderne Genrebilder, Soldatenstücke oder Historie im akademischen Sinn. Man kann auch keineswegs mit Recht sagen, was so viel behauptet wird, er sei in allererster Linie Landschafter gewesen. Seine Entwicklung ging wohl

Abb. 54. Kentaurenkampf. 1878.
Mit Genehmigung der Photographischen Union in München. (Zu Seite 83 und 100.)

von der Landschaft aus, aber die Landschaft war ihm später meistens nur ein Teil
des malerischen Problems und Landschaften, die auf figürliche Belebung und Be=
seelung ganz verzichten, sind schon von Ende der sechziger Jahre ab bei Böcklin direkte
Ausnahmen. Jede Landschaft aber verkörpert bei ihm einen Gedanken, nie gibt er das
mehr oder minder unmittelbare Konterfei einer Gegend= oder eine programmatische
Augenblicksstimmung. Gerade darum paßt der Begriff „Landschafter" so außerordent=
lich schlecht für ihn. Erst durch ihn ist das Bestreben, die Landschaft mit Poetenaugen
sub specie aeternitates anzusehen, wie es Eugen Bracht und von den Jüngeren Welti
und Urban beispielsweise tun, wieder zu Ehren gekommen. Der Landschaft im alten
Sinne soll hierdurch selbstverständlich ihre Berechtigung in keiner Weise angezweifelt
werden — es sei nur festgestellt, daß sie ein ganz anderes ist. Sie hält schöne
Episoden der Natur fest. Böcklins Auffassung monumentalisiert sie. Böcklin malte
die Seele der Landschaft — andere schildern ihre Körperlichkeit in wechselnder Be=
leuchtung. Der Unterschied zwischen diesen beiden Auffassungen ist zunächst ein Unter=
schied der Richtung, nicht des Niveaus und wie platte Nachahmer Böcklins gezeigt
haben, kann man auch in seiner Richtung wundervoll „kitschen".

Auf den zweiten römischen Aufenthalt, der den Künstler so bedeutsam umgestaltet
hat, folgte 1866—1871 wieder ein Aufenthalt in der Vaterstadt, der nicht minder
fruchtbar sein sollte. Er hatte nach und nach allen Grund, sich jetzt in Basel eine
angenehmere Existenz zu erwerben, nachdem sie dort schon eine Reihe seiner Werke
gekauft hatten. Die Schulpflicht der Kinder rief ihn gleichfalls nach dem Norden und
vielleicht nach dem römischen Zigeunerleben auch das angeborene Bedürfnis nach den
geordneteren Verhältnissen der Heimat. Kurz nach der Übersiedlung verlor er, durch
einen unglücklichen Zufall beim Spielen, sein Töchterlein Lucia, ein Verlust, der ihn
mächtig ergriff. Er hat das
Kind später unter den Engeln
seiner Pietà vereinigt. Das
nächste größere Werk, das
vollendet wurde, war die „Pe=
trarca an der Quelle
von Vaucluse". Schon
im Frühjahr 1864 war das
Bild begonnen, das Fertig=
gestellte ging aber durch den
Transport fast ganz zu=
grunde. Rudolf Schick, der
Böcklin im Winter des Vor=
jahres in Rom kennen ge=
lernt hatte, berichtet uns
ausführlich über das Ent=
stehen dieses Bildes und wir
erfahren, wie jedes Detail
der unendlich reichen und
lieblichen Landschaft, die wie
ein unmittelbar geschautes
Stück Natur erscheint, in
Wahrheit aus tiefster Ueber=
legung hervorgegangen ist
und wie er ferner alle die
zusammengetragenen Einzel=
heiten in der Natur studierte.
Dann folgten vielerlei Bild=
nisarbeiten aus der Familie
Burckhardt, die zu seinem

Abb. 55. Bildnis der Frau von Guaita. (Zu Seite 100.)

Abb. 56. Die sterbende Kleopatra. 1878. (Zu Seite 82 und 100.)

engeren Umgangskreise gehörte, und 1868 die „Trauer der Magdalena an der Leiche Christi" (Abb. 21), eins der ergreifendsten von Böcklins Bildern gleichen und verwandten Stoffes. An der Entstehung des Bildes hat Jakob Burckhardt insofern Anteil, als er den Maler überredete, das Haupt Christi gegen den Beschauer zuzudrehen; Böcklin, der den Kopf erst ganz steif im Profil gemalt hatte, gab nach und war später sehr ärgerlich darüber. Die starre Stellung hatte herber gewirkt und Böcklin hat sie in späteren Pietàs auch wieder aufgenommen. Namentlich die Berliner Pietà von 1873 zeigt das Haupt des Leichnams vollkommen in Profil. In der eigenartigen Pietà von 1877 ist das Gesicht der Mutter so sehr von Schmerz verzerrt, wie dies noch wenige Maler darzustellen gewagt haben. Das ausgeweinte Antlitz läßt aber auch durch den Kontrast das Gesicht des Toten in wunderbar friedlicher Ruhe erscheinen. In Basel hat Böcklin damals die Magdalena vollkommen aus dem Kopf malen und den Ausdruck des Schmerzes an sich selber im Spiegel studieren müssen. Es fehlt ihm jedes Modell — das Fehlen des geeigneten Modells war für ihn überhaupt geradezu Schicksal! Hier freilich wird niemand einen Mangel des Bildes feststellen können, der etwa jenem Mißgeschick entsprungen sein könnte. Das Verhältnis Böcklins zu Burckhardt, das bisher sehr freundschaftlich gewesen war, blieb von da an gespannt und namentlich scheint Burckhardts eifriges Dreinreden bei den Museumsbildern den Zwiespalt noch vertieft zu haben. Über die Entstehung der beiden Quellbilder, welche nach der Magdalena in Arbeit kamen, wurde schon weiter oben berichtet. Erwähnt sei nur noch, daß die Wiesenquelle von einer, für die damalige Zeit unerhörten Helligkeit

Abb. 57. Ruggiero befreit Angelica. 1879. Nach Ariost.
Mit Genehmigung der Photographischen Union in München. (Zu Seite 100.)

ist — vielleicht war's dies, was Schack abgestoßen hat? Es ist ein richtiges Pleinair=
bild, freilich innerhalb dieser hohen Lichtfülle von größtem Reichtum des Kolorits und
nicht, wie die Bilder der typischen Pleinairzeit, auf zwei Töne, warm und kalt, ge=
stimmt. Als dies lichte Werk 1889 in der Blütezeit der Pleinairmode in München
zur Ausstellung kam, meinten nicht wenige, Böcklin habe mit dem Bilde dem Zug der

Abb. 58. Die Meeresbrandung. 1879. Königl. Gemäldegalerie in Berlin.
(Zu Seite 101.)

Zeit eine überraschende Konzession gemacht. Er war aber nur beim Malen seiner Zeit
um zwanzig Jahre voraus gewesen, wie etwa Adolf Menzel einst den „Naturalisten".
 Die große Bedeutung dieses Baseler Aufenthaltes lag für Böcklin darin, daß
er nun endlich Gelegenheit fand, seine Kunst an großen Wandflächen zu erproben.
Zunächst malte er drei Freskobilder im Gartensaale des Ratsherrn Sarasin und dann
ward ihm der bedeutsamere Auftrag, das Treppenhaus des Baseler Museums
mit Freskobildern zu schmücken. Diese Fresken sind ja sicher nicht das Beste, was
Böcklin geschaffen hat; das Material und die räumliche Begrenzung brachten es mit
sich, daß er sich nicht so ungehindert ausleben konnte, als es für das volle Gelingen

seiner Werke immer nötig war. Ein so freier Geist wie er brauchte Freiheit im
Schaffen! An der Arbeit im Sarasinschen Gartenhaus probte er zunächst die Technik
aus. Er schuf hier drei Bilder: den Harfe spielenden König David in der Mitte
und zu beiden Seiten Landschaften, eine italienische Villa mit der Rast auf der Flucht
nach Ägypten als Staffage und eine andere italienische Landschaft mit dem Gang nach
Emmaus. Die beiden Seitenstücke finden wir als Temperagemälde kleineren Formates
in der Schackgalerie, wenn auch in veränderter Form und tieferer Stimmung, wieder.
Die Technik der Freskomalerei mag sich für Böcklin speziell nicht sonderlich geeignet
haben, wie gesagt; so trefflich er sie bald beherrschte, seine Malerei erscheint starrer
und kälter als sonst, weniger frei und reich. Daß daran speziell die Freskomanier
die Schuld trägt, beweisen am besten die Kartons zu den Gemälden, die um ein
Merkliches leichter und anmutiger sind als die Bilder selbst. (Siehe Abb. 27.) Ende
November 1868 begann Böcklin, anscheinend nicht ohne Herzklopfen, mit seinen Ge=
mälden im Museum, drei gewaltigen Wandflächen über den Podesten des Treppenhauses
und drei Medaillons. Das erste Bild, das er in Angriff nahm und in fünf Wochen
vollendete, war die „Magna mater" (Magna parens heißt das Bild bei Schick), eine Dar=
stellung des schöpferischen Naturprinzips, eine frauenhafte, hoheitsvolle Gestalt mit
Fackel und Weltkugel, auf riesenhafter Muschel von vier Wasserkentauren getragen. Der
Ausdruck des Frauenkopfes ist bedeutend, reizend die ängstlich flüchtende Puttenschar.
Was aber die Meermänner betrifft, so stehen sie an Kraft und Erfindung weit hinter
ähnlichen späteren Geschöpfen Böcklinscher Phantasie zurück. Das schönste der drei
Bilder ist wohl die Flora, welche den grünen Teppich über die Flur breitet. Hier ist
alles eitel Anmut und Liebenswürdigkeit und doch nicht ohne jene Herbheit, die wir
bei Böcklin nie ganz entbehren möchten. Die Abbildung (Nr. 27) spricht für sich selbst.
Am wenigsten geglückt ist der Apollo mit dem Viergespann; es ist, als habe der Künstler
hier die Lust verloren. Bedenklich fehlt es namentlich an den Pferden, was er übrigens
selber gewußt und beredet hat. Auch dieser Apollo ist kein würdiger Sohn Böcklinscher
Muse. Glänzend hinwiederum sind aber die drei Medaillons, welche die vernichtende,
die verbissene und die dumme Kritik darstellen sollen, die Medusa (Abb. 25), der
Kritikus (Abb. 26) und der gröhlende Dummling. Die Medusa ist, wenn man so
sagen darf, die Ahnfrau eines seit der „Entdeckung Böcklins" weitverzweigten Ge=
schlechtes geworden. Keine der zahllosen Nachbildungen im neuen Stil erreicht aber
das Urbild in dessen grausiger Schönheit. Die beiden köstlichen Fratzen des Kritikus

Abb. 59. Frühlingsabend. 1879. (Zu Seite 101.)

Abb. 60. Selbstbildnis Ende der siebziger Jahre. (Zu Seite 100.)

und des Dummlings mögen wohl dem gerechten Groll des Künstlers gegen die oft bewiesene Engherzigkeit seiner Baseler Mitbürger ihr Dasein verdanken und aus derselben Quelle stammen vielleicht die sechs klassischen Sandsteinmasken, welche die Gartenfassade der Baseler Kunsthalle schmücken. Grimmiger ist das Philistertum noch nie verhöhnt worden und grimmiger wird es nie verhöhnt werden. Böcklin ist ein großer Humorist gewesen, neben dem vielen anderen, worin er groß gewesen ist, brachte er doch alles mit, was dazu gehört: ein scharf beobachtendes Auge, eine tiefe, resignierte Welterkenntnis und jene Dosis Güte, die immer zu einem Humor gehört, welcher befreiend wirken soll. Böcklin hat die Masken (Abb. 33 und 34) im Jahre 1871 modelliert, man sagt sogar, zum Teile selbst aus dem Sandstein gehauen. Letzteres wird aber von anderer Seite wieder bestritten. Auch das wird bestritten, daß es sich direkt um Karikaturen seiner Baseler Widersacher handle, und eines Böcklin Kunst hatte ja auch, wenn er die Leute mit seinem Witze treffen wollte, das direkte Konterfei nicht nötig. Ihr Wesen wird er schon getroffen haben. Jedenfalls sind die häßlichen Larven von hinreißender Komik und so individuell merkwürdig, daß ihre Erfindung durch den Künstler wieder einen erstaunlichen Beweis seiner Formenphantasie bietet.

Die Baseler Zeit von 1866—71 bedeutet wohl Böcklins fruchtbarste Schaffensperiode; es ist geradezu unglaublich, was er in diesen Jahren geleistet hat. Eine ganze Reihe seiner Werke, welche die Schackgalerie besitzt, ist entstanden, ferner, 1869, noch die Geburt der Venus mit zwei Amoretten (Abb. 28), die Herrn von Heyl in Worms gehört. Dies Bild ist überaus hell und zart in der Farbe, ganz auf Blau gestimmt. Rudolf Schick erzählt, daß Burckhardt den Meister gerade bei diesem Bilde besonders durch Dreinreden gestört und geärgert und Zutaten gewünscht habe. Böcklin äußerte, Burckhardt meine immer, es fehle ihm an Ideen und könne nicht begreifen, wie das Malen ein fortwährendes Abschneiden und Begrenzen überschüssiger Ideen sei: ein fortwährendes Selbstkritisieren. Es ist das eine große, schlichte Wahrheit. — Die Geburt der Venus hat der Künstler noch mehrfach variiert. Kühner und sieghafter steht die Göttin der Liebe in dem Bilde von 1873 da, auf dem Rücken eines riesigen

Abb. 61. Am Quell. 1879. (Zu Seite 101.)

Fisches, von einem Kranze huldigender Liebesgötter überragt. Die Kompositionsform eines auf die Spitze gestellten Dreiecks ist geblieben. Es folgten Bildnisse, ein Odysseus, der am Meeresstrande die Arme sehnsüchtig in die Weite streckt, verschiedene Umgestaltungen des Themas „Die Nacht", eine büßende Magdalena (Galerie Raczynski) und, alle drei im Jahre 1870, der „Mörder, von Furien verfolgt" (Abb. 29), die „Ideale Frühlingslandschaft" (Abb. 31) und die „Felsschlucht" (Abb. 30), drei Perlen der Schackgalerie. In diesen herrlichen und mit wundersamem Geiste erfundenen Bildern ist vor allem eins bemerkenswert: daß Böcklin hier vom Banne der italienischen Landschaft frei wird. Noch die Sarasinschen Landschaften sind ganz im Geiste seiner früheren römischen Arbeiten konzipiert — die sturmdurchfegte Sumpflandschaft, in der die Furien ihres Opfers harren, ist nordisch und von erfrischendem Realismus der Farbe. Das gilt auch von der Frühlingslandschaft, trotz der italienischen Villa im Hintergrund, und von der Herbststurmlandschaft, durch welche der Tod reitet. Die kräftigere, frischfarbigere und breitere Malerei hängt wohl direkt mit den Erfahrungen aus Böcklins

Abb. 62. Sturm am Meer. Vorstufe des Heraklitos. 1877—1879?
Mit Genehmigung der Photographischen Union in München. (Zu Seite 102.)

Abb. 63. Die Toteninsel. Erste vollendete Fassung. 1880. Besitzer Graf Oriola.
Mit Genehmigung der Photographischen Union in München. (Zu Seite 102.)

Abb. 64. Die Toteninsel. Dritte Fassung. 1883. Besitzerin Frau Schön-Ring. Mit Genehmigung der Photographischen Union in München. (Zu Seite 102.)

Freskoarbeiten zusammen. Wer die Felsschlucht betrachtet, muß wohl unwillkürlich an Goethes Mignonlied und die Zeilen:

"In Höhlen wohnt des Drachen alte Brut,
Es stürzt der Fels und über ihn die Flut"

denken. Es scheint aber, daß das Bild nicht direkt durch die Dichtung angeregt, sondern Böcklin erst während des Schaffens an den verwandten Gedanken erinnert wurde. Die Idee der Landschaft mit der Brücke und darübereilenden Gestalten ist ja echt Böcklinsch und kehrt in seinen Werken mehrfach wieder. Schack schreibt: "Die Lokalität gemahnt an den Gotthardpaß und die über den Strom führende Brücke an die Teufelsbrücke." Das Frühlingsbild ist eine der heitersten, jubelndsten Verherrlichungen des Lenzes, die je irgendeiner Kunst gelungen sind. In diesem Bilde lacht, singt

Abb. 65. Tritonenfamilie. 1880. Museum in Magdeburg. (Zu Seite 86.)

und liebt alles, vom weißblauen Himmel bis zu den spielenden Putten. Der "Ritt des Todes" (Abb. 32) entstand 1871 im Kriegsjahr und, wie man sagt, hat der Maler von fernher die Kanonen donnern hören, als er daran malte. Ein großer Schauder geht durch das Werk, alle Elemente sind in Aufruhr, Sturm beugt die Bäume, ein greller Blitz bringt das Roß des unheimlichsten aller Reiter zum Scheuen. Vielleicht ist auch das zerstörte Gebäude im Hintergrunde eine Andeutung an den Krieg, den Böcklin seit den Pariser Bluttagen verabscheute. Im Jahre 1870 hat er auch ein zerschossenes Haus in Kehl bei Straßburg, wie es heißt, am Tage nach der Übergabe dieser Festung, gemalt und im Februar 1871 trat er, wie Schmid zu erzählen weiß, dem Kriege noch näher, denn er war einige Zeit zum Wachdienst bei der Bourbakischen Armee eingezogen. Strenger Waffendienst ist es aber kaum gewesen, was des Künstlers reiches Schaffen in jener Zeit beweist. Auch die schöne, damals gemalte Landschaft "Bergschloß" hat eine kriegerische Staffage bekommen.

Von Basel ist Arnold Böcklin 1871 nach München übergesiedelt, wo er über drei Jahre blieb, eine glückliche, wenn auch nicht immer sorgenfreie Zeit verlebte und seine

Abb. 66. Ruine am Meer. Zweite Fassung. 1883?.
Mit Genehmigung der Photographischen Union in München. (Zu Seite 104.)

Kunst im fruchtbarsten Schaffen betätigte. Es wäre von hohem Reiz, seinem Münchener Leben ein wenig genauer nachzuspüren; kam er doch hier zum ersten Male in einen Kreis von künstlerisch bedeutenden Freunden, die nach ähnlichen Zielen strebten, den Kreis der Freunde und Schüler Viktor Müllers. Dieser Künstler, der 1872 als Dreiundvierzigjähriger viel zu früh starb, hatte das Zeug zu einem ebenbürtigen Rivalen Böcklins, wenn er auch auf ganz anderen Wegen zu seinem Ergebnisse gekommen war, und hatte in München einen Teil der Besten um sich geschart, darunter Hans Thoma, Eysen, Sattler, Karl Haider, Trübner und Albert Lang. Auch Leibl mit seinen frischen Pariser Eindrücken aus Courbets Werkstatt war mit dabei. Er und Böcklin bildeten wohl die entgegengesetzten Pole der damaligen jungen Kunst, die sich von den gefeierten Akademikern von Kaulbach und Piloty eben frei zu machen begann. Leibl der „Nurmaler" hat Böcklin den großen Farbenpoeten nie verstehen können und Böcklin hat einst fürchterlich gelacht über Leibl, „der drei Jahre in einer Dorfkirche gesessen, um drei alte Weiber zu malen". „Muß das ein langweiliger, denkfauler Kerl sein!" rief er später aus. Sie lebten freilich in zwei verschiedenen Welten. Die offizielle Historienmalerei machte natürlich gar keinen Eindruck auf Böcklin. Näher schloß er sich an den seelenverwandten Hans Thoma an, der, wie er selber, damals schon tapfer auf dem selbstgewählten Pfade marschierte. Thoma meint, er habe so gern mit Böcklin verkehrt, „weil er fühlte, daß ein so großer Künstler wie er, duldsamer war gegen andersartige Aeußerungen in der Kunst, als kleine Geister". An Sonntagen vormittags sahen sie sich öfter in der Alten Pinakothek und Böcklin sagte einst lachend, er gehe so gerne hierher, weil dies der einzige Ort sei, wo er keine Maler antreffe! Im übrigen

Abb. 67. Sommertag. 1881. Königl. Gemäldegalerie in Dresden. (Zu Seite 105.)

Abb. 68. Veritas. 1881. (Zu Seite 106.)

ging Böcklin den Malern durchaus nicht aus dem Wege. Viktor Müller zog ihn z. B. mächtig an und wäre jener nicht gestorben, so wäre Böcklin wohl nicht so bald aus München fort. Noch eine Bekanntschaft hat Böcklin in den Münchener Jahren gemacht, welche sich zu einer dauernden und fruchtbaren Freundschaft auswuchs: die Adolf Bayersdorfers, des genialen Kunstkenners, der dem Viktor Müller-Kreise angehört und seine schönste Lebensaufgabe darin gesehen hat, Künstler jenes Kreises, wie Böcklin, Thoma, Haider, Stäbli, nach Kräften zu fördern. Er hat dies mit rührender Treue getan, unermüdlich. Nie werde ich sein strahlendes Gesicht vergessen, als es ihm 1895 oder 1896 in München gelungen war, Böcklins herrliches Dreiflügelbild „Venus genitrix" zu einem hohen Preise zu verkaufen, der unvermindert in des Künstlers Besitz überging — für volle 60000 Mark! Es war das erstemal, daß Böcklin einen solchen Haufen Geld beisammen sah und er hat sich dessen in seiner stillen Art wohl auch gefreut! Nach dem Münchener Aufenthalt ist Böcklin mit Bayersdorfer dann in Florenz zusammen gewesen. Wie Wilhelm Weigand in seiner Einleitung zu Bayersdorfers nachgelassenen Schriften erzählt, durchsuchte dieser die alten Maltraktate nach Rezepten für seinen unermüdlich experimentierenden Freund. Ein Jammer, daß dieser Mann keine Aufzeichnungen über den Verkehr mit Böcklin, die Florentiner Zeit namentlich, hinterlassen hat. Er hatte tiefer in des Meisters Seele gesehen, als irgendein anderer und hätte das Intimste über ihn zu sagen gehabt. Die Verehrung, mit der er an Böcklin hing, war grenzenlos. Bayersdorfer konnte einen lehren, die Größe dieses Malers in allem zu erkennen, was er schuf, auch im weniger Geglückten. In München begannen auch die — negativen — Beziehungen Böcklins zu Richard Wagner. Der Dichter-Komponist wünschte von Böcklin Szenerien zu seinen Werken — offenbar dem „Ring des Nibelungen" — und es kam auch bis zu einer Skizze des Fafner als

Abb. 69. Quell in der Felsschlucht. 1881. (Zu Seite 105.)

Drache. Aber nicht weiter! Böcklin, der in bezug auf Musik sehr bestimmte Ansichten hatte und ganz besonders auf die Alten schwor — auf Bach, Händel, Gluck und Mozart, aber wohl auch Beethoven! — war gegen Wagner direkt ablehnend, während dieser ihn wohl zu würdigen verstand und bezüglich seiner Dekorationen meinte: „Das ist was für Böcklin, der allein hat die richtige Phantasie dazu." Aber er erhob auch wieder technische Ansprüche, die Böcklin für künstlerisch unerfüllbar hielt und so kam kein Zusammenarbeiten zustande — leider! Lasius erzählt über eine Zusammenkunft der beiden Männer ein lustiges Geschichtchen, das vielleicht nur den einen Vorzug nicht hat, ganz wahr zu sein: Böcklin war von Wagner auf dessen Landsitz vor

Abb. 70. Der heilige Hain. 1882. Museum in Basel.
Mit Genehmigung der Photographischen Union in München. (Zu Seite 105.)

Neapel eingeladen worden und kam in der Sonnenglut mit greulichem Durst dahin. Hier wurde der Maler, dem der Durst bekanntlich in den Tod zuwider war, mit Musik regaliert statt mit einem kühlen Trunk, und zwar so lange, daß er die Geduld verlor. Als ihn nun Wagner fragte, wie es ihm gefallen habe und Böcklin ein grimmiges Gesicht schnitt, soll jener gesagt haben: „Ach so, Sie verstehen ja nicht viel von Musik!" — „Ja, ebensoviel wie Sie von Malerei!" habe Böcklin geantwortet und sei spornstreichs in die nächste Kneipe gerannt, seinen Durst zu bekämpfen. In der Hauptsache waren es erstens die Charakterunterschiede, welche die beiden Männer auseinander hielten und zweitens weit auseinander gehende Meinungen über die Kunst. Böcklin, der mit gewissenhafter Genauigkeit die Grenzen inne hielt, die er sich für die Malerei gezogen hatte, konnte für die Idee des „Gesamtkunstwerks" nichts übrig haben. In seinen Bildern ist wohl Musik, aber er machte zu Musik keine Bilder. Er ist ein Poet in tiefster Herzenstiefe, aber für ihn waren die Aufgaben der Dichtkunst von denen der Malerei streng geschieden und er versuchte sich gelegentlich mit seiner Empfindung selbst in Versen, wenn ihm ein Gedanke nicht malbar erschien. Das heißt, wenn er nicht einheitlich darzustellen war! Ein Fall, den mir einst Böcklins Schwiegersohn, der Bildhauer Peter Bruckmann erzählte, ist typisch hierfür. In Rom hatte eine Dame eine Szene auf der Via Appia beobachtet, die sie mächtig ergriffen hatte, einen Leichenzug; dem Sarge folgten als einzige Leidtragende zwei kleine Kinder. Sie meinte, die schlichte Tragik dieses Lebensbildes inmitten der großartigsten Szenerie sei wohl ein Vorwurf, des Pinsels eines Böcklin wert und er könne ihn wohl im Bilde verewigen. Ein Irrtum, aber ein entschuldbarer. Böcklin meinte aber, man könne den Gedanken nicht malen. Die Idee war zu genrehaft für ihn, nicht mit einem Blick zu überschauen, sondern das Ergebnis einer Gedankenreihe! Die Überlegung, daß in dem zu malenden Leichenzug, der selbst wieder nur Staffage eines mächtig gestimmten Landschaftsbildes sein konnte, die einzigen Leidtragenden zwei Kinder seien, konnte der Beschauer erst in dritter oder vierter Reihe fassen, die Kindergruppe war in Böcklins Sinn nicht zum geistigen Mittelpunkte des Bildes zu machen. Am andern Tage schickte der Künstler der Dame die folgenden schönen Verse:

Im Dämmerschein kehr' ich zurück zur Stadt,
Verlassend auf der Via Appia
Die Gräbertrümmer, welche schweigend ernst
Gen Himmel schau'n.

Wie viel Geschlechter lagen modernd dort!
Wie vieles Leid mag dort begraben sein!
Wer weiß davon? Vorüber ist es seit
Jahrtausenden.

Da nähert sich eintöniger Gesang,
Ein Mönch trägt einen kleinen Kindersarg.
Ein Priester singt sein traurig Requiem
Und diesen folgt

Ein kleines Paar, das kaum so eilen kann,
Geschwister sind es jener Leiche dort.
Ihr Vater tot, die Mutter im Spital,
Sie ganz allein.

Das Unglück ist der Menschheit dauernd Los —
Wer geht durchs Leben ohne Leid? — Geduld!
Mit Dir auch ist's vorüber einst! — Schon seit
Jahrtausenden!

Die Verse sind doppelt ergreifend für den, der empfindet, wie durch die letzte Strophe die tief melancholische Grundnote der Böcklinschen Weltanschauung klingt. Die Begeisterung für das Schöne und seine starke, reine Mannheit ließen diese dunklen Gewalten nie Herren werden über ihn. Aber oft genug reden sie aus seinen Bildern, oft genug hat er mit leisem Schauder die Klänge gehört, die der knöcherne Fiedelmann hinter seinem Rücken ertönen ließ.

Auch in München war es so, wo er sonst in fröhlichster Künstlergesellschaft, z. B. der „Allotria", gern mittat im Kreise der Fröhlichen. Max Kalbeck erzählt von einem tollen Abend in diesem Kreis, wo 1873 der schon siebenundvierzigjährige Böcklin bei einem improvisierten Cancan — ohne Damen! — tapfer mittat. Wahrhaft tiefe Naturen vermögen fröhlich zu sein zur rechten Stunde, auch wenn sie alles Schmerzliche des Daseins voll erfassen. Man sehe nur unsere größten deutschen Humoristen

Abb. 71. Dichtung und Malerei. 1882. (Zu Seite 106.)

an, Wilhelm Busch und den, auch von Böcklin sehr hoch geschätzten Oberländer: ernsthaftere Beobachter des Lebens kann es gar nicht geben! Und seltsam! Seit Oberländer richtig zu malen angefangen hat, zeigt er manchen Zug mit Böcklin gemeinsam. Nicht ohne Bedeutung für Böcklins innerliche Neigung zur Schwermut ist es auch, daß zu seinen wenigen musikalischen Versuchen eine Vertonung von Goethes Lied „Wer nie sein Brot mit Tränen aß" gehört. Auch wenn er phantasierend am Harmonium saß, liebte er dunkle, getragene Weisen.

Böcklins erstes Bild, das 1871 in München entstand, war jener „Heilige Hain" für den Grafen Schack, auf dem ein Einhorn zwischen Pylonen mit Feuerschalen den Eingang bewacht. Ein „Tanz um eine Bacchussäule" folgte, dann eine „Sappho" in einem herrlich gemalten Haine, der ein wenig an die Szenerie des Petrarca gemahnt (Abb. 35). Gleichzeitig fast wurde die wunderschöne „Melancholie"

(Abb. 37) vollendet, deren ausdrucksvolles, faszinierendes Gesicht in der noch viel bedeutenderen „Muse des Anakreon" wiederkehrt und, wie H. A. Schmid betont, dem Typus von Böcklins Tochter Clara entspricht. Das Gesicht der jungen Dame hat sich dann durch einen schweren Typhus im Winter auf 1873 stark verändert, während Böcklin ihr Bildnis (Abb. 39) malte; dies blieb darum unvollendet. Daß die Muse des Anakreon und die Melancholie bei Böcklin Schwestern sind, hat auch wohl seine tiefere Bedeutung. Auch die Heiterkeit jener Muse erscheint gedämpft durch einen Schleier von leiser Wehmut. Dem Rufe: „Freut Euch des Lebens" folgt immer ein Nachklang in Moll: „Weil noch das Lämpchen glüht." Auch die „Euterpe" mit der Hirschkuh, die

Abb. 72. Der Kampf auf der Brücke. 1882. Nach Ariost. (Zu Seite 105.)

nach der Melancholie gemalt wurde, trägt Züge der Verwandtschaft mit dieser; das Werk ist der Muse des Anakreon ebenbürtig und zeigt dazu noch ein Stück schönster Böcklinscher Landschaft. Dem gleichen Stimmungskreise entstammt das berühmte Selbstbildnis mit dem fiedelnden Tod (Abb. 36). Vielleicht hat Holbeins Bild des Schatzmeisters Bryan Tuke in der Münchener Pinakothek den Gedanken zu diesem Bilde in des Künstlers Seele reifen lassen, aber jedenfalls ist in Gedanken und Wirkung des modernen Meisters Werk feiner und innerlicher, als das seines alten Baseler Heimatgenossen, so meisterhaft das gemalt ist. In diesem kommt der herbtrockene Totentanzhumor zu Worte und der Tod auf dem Bilde sagt nichts, als: „Auch Du mit Deinen Würden und Schätzen, mit Deinem Ehrenkreuz und dem goldbrokatenen Wams mußt sterben." Böcklins Bild drückt jene wundersame Stimmung der Wehmut aus, die stark empfindende Menschen oft mitten in Glück und Genuß, mitten im Wirken und Streben befällt, nicht wie ein bewußter Todesgedanke, nur wie eine dunkle Mahnung, ein leiser, halbverstandener Klang. Unser Meister hat ihn, wie gesagt, oft genug vernommen in seinem Leben, bis endlich auch die letzte Saite des Fiedlers hinter seiner Schulter entzwei ging. Charakteristisch für Böcklin ist übrigens die aus „Bändern, Sehnen

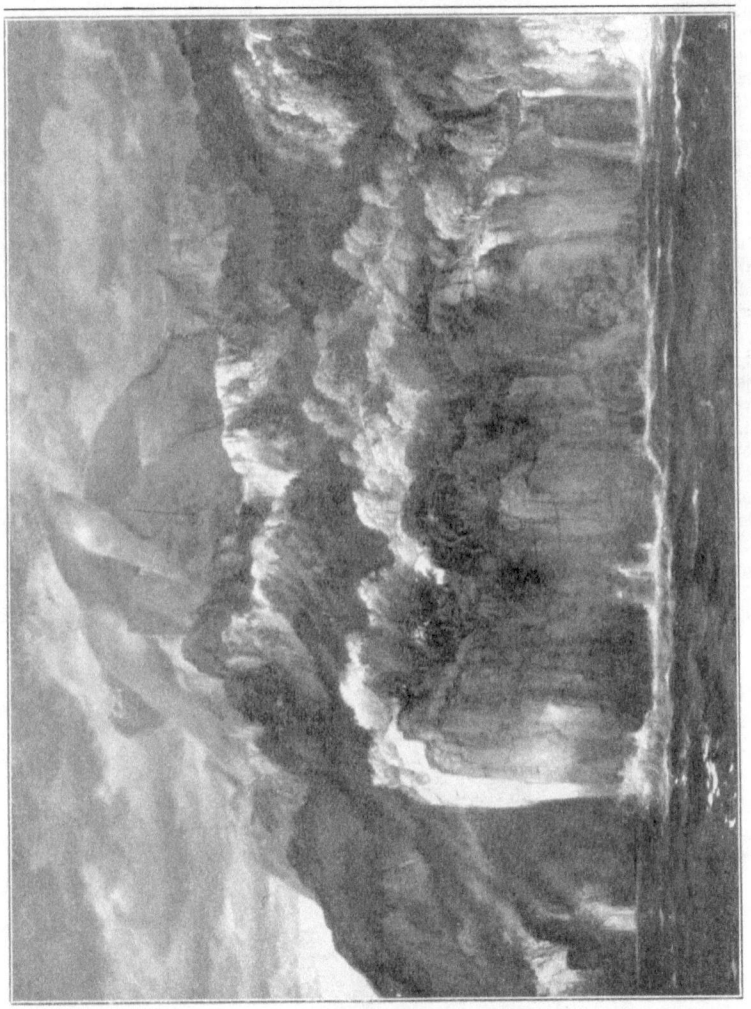

Abb. 73. Prometheus. Erste Fassung. 1882. (Zu Seite 105 und 106.)

und Gebein" gebildete Hand des Todes. Es ist keine skelettierte Knochenhand, wie bei Holbein — für den stets logisch empfindenden Böcklin war es wohl undenkbar, daß eine solche den Bogen führe!

Gleich nach diesem Werke verließ ein anderes von Böcklins Hauptbildern die Staffelei, der „Überfall einer Meeresburg durch Seeräuber" (Abb. 38), in der Idee wohl, gleich der Villa am Meer, hervorgegangen aus einem der Wedekindschen Freskobilder. Aber zu welcher Großtat der Phantasie hat sich dies ursprüngliche Motiv ausgewachsen, wie kühn hat der Maler die Landschaft gestaltet und wie mächtig ist dies unglaublich inhaltsreiche Werk in der Farbe. In dieser Landschaft ist alles in Aufruhr und doch alles durchzogen von einer großen, ruhevollen Harmonie. Die spätere Wiederholung von 1886 gibt die Hauptanlage im Sinne eines Spiegelbildes umgekehrt wieder und leiht der Burg, den Felsen und der Brücke einfachere Formen. Hier ist es besonders das wunderbar gemalte Wasser, das dem Bilde hohen Wert gibt. Frei gestaltende malerische Kraft hat wohl nie noch eine großartigere Szenerie erdacht, als die der brennenden Burg! Auch die erste „Sterbende Kleopatra", ein Bild von fremdartig reizvollem Farbenklang von Fleischton, gelblichem Kissen und violettem Schleier, entstand in diesem Jahr. Unsere Abbildung 56 gibt die Wiederholung vom Jahre 1878 wieder. Vielleicht ist in der ersteren Fassung der Schmerzensausdruck des Antlitzes noch fesselnder und geheimnisvoller. Es ist eines von jenen ganz in seelischem Ausdruck aufgelösten Gesichtern, wie sie auch wieder nur unser Meister malen konnte, Ausdruck, ganz frei von Pose oder Grimasse! Seine Salome, deren feine sinnlichen Nüstern vor dem Blutgeruch aus ihrer entsetzlichen Schüssel schaudern, auf der „Meeresstille" die fischschwänzige Frau, auf deren Antlitz so viel Unheil lauert, sind weitere Proben dieser Kunst.

In München, 1873, malte Böcklin seinen ersten „Kentaurenkampf", eine Szene von seltener Wucht und Wildheit, eine Verkörperung des Rasens entfesselter Elementarmächte, wie sie toller nicht gedacht werden kann. Das war unerhört in seiner grellen Phantastik und seiner Kühnheit. Ein guter Teil des deutschen Publikums ging nicht mehr mit und ein noch größerer Teil der deutschen Kritik tat desgleichen, warnend oder höhnend. Als Fanatiker des Häßlichen schrieen die Hohepriester der Banalität Böcklin aus, und auch solche, die sich für wohlwollend hielten, sahen ihn auf Irrwegen oder sie schoben ihm etwa gar das wüste Haschen nach Sensation unter. Ihm, Böcklin! Dieser Mann, der so rein war in seinem Streben, daß nie ein zweiter den Schild

Abb. 74. Odysseus und Kalypso. 1883. Museum zu Basel. (Zu Seite 106.)

Abb. 75. Im Spiel der Wellen. 1885. Neue Pinakothek zu München.
Photographieverlag von Franz Hanfstaengl in München. (Zu Seite 87.)

seiner künstlerischen Ehre blanker gehalten hat, wurde von denen, die berufen waren, seine Offenbarungen der stumpfen Welt zu übermitteln, dem nächstbesten Charlatan gleichgehalten! In jener Zeit ist der Name Böcklin weit mehr durch das Geschimpfe und Gezeter dieser Hüter der Vergangenheit bekannt geworden, als durch die Stimmen derer, die seine Größe ahnten. Den ersten Kentaurenkampf hat das Baseler Museum erworben. Auf diesem Bilde toben fünf Kentauren in wüstem Kampfe gegeneinander; ein sechster liegt tot im Hintergrunde. Auf dem zweiten, nicht ganz vollendeten, aber im eigenartigen Perlmutter seiner Farbe besonders schönen Kentaurenkampfe, den Dr. Hirth in München von einem Sohne Böcklins erwarb, sind die Kentauren mit riesenhaften Negern im Streit und in dem kleineren Kentaurenkampf von 1878 (Abb. 54), den E. Meiner in Leipzig besitzt — es ist die tollste Kampfszene von allen dreien —, ist wieder das Zahlenverhältnis des ersten Bildes hergestellt. Auf allen diesen Gemälden kommt der wilde, felsschleudernde Kentaur links vor, aber keine Linie der Komposition ist nur zwei Bildern gemeinsam. In unserem Bilde nach der letzten Version ist besonders der wilde, fast grausige Humor zu betonen, mit welcher die auf der Erde liegenden Kerle geschildert sind, von denen der eine wie ein bissiger Affe den Arm des anderen zerfleischt. Und gleich dahinter in dem Ausschnitt zwischen den Pferdebeinen des hintersten Kentauren dies wundervolle Stückchen Landschaft mit den sturmgebeugten Pappeln in Gewitterbeleuchtung! Es ist, als habe der Künstler uns für das Grausige gleich wieder durch ein Erhabenes entschädigen wollen — oder ist es auch wieder eine wohl berechnete Kontrastwirkung, berechnet, jenes durch dieses zu heben? Auch landschaftlich ist jene grellerleuchtete Baumgruppe von Bedeutung. Sie zeigt uns, daß die schieferfarbene Wolkenwand nicht einfach ein beliebiger Hintergrund sei, sondern ein schweres Gewitter bedeute, dessen Toben eben durch die rasenden Roßmenschen symbolisiert ist.

6*

Von der „Muſe des Anakreon", der „Venus Anadyomene" auf dem Fiſch, die ebenfalls 1873 fertig wurden, war ſchon die Rede und auch ein anderes Hauptwerk dieſes Jahres, die „Pietà" der Berliner Nationalgalerie (Abb. 40), wurde bereits kurz erwähnt. Dies Bild hat Böcklin urſprünglich für ſich gemalt, nicht um es zu verkaufen; die Engel in den Wolken tragen die Züge ſeiner verſtorbenen Kinder. Der Künſtler hat das Werk mehrfach verändert und der obere Teil mit den Engeln war Mitte der achtziger Jahre, wie Hans Floerke als Herausgeber von ſeines Vaters Notizen berichtet, noch nicht oder nicht mehr auf der Tafel zu ſehen. Die Hauptgruppe iſt vielleicht aus dem Proteſt gegen Burckhardts Einwendungen entſtanden, welche den Künſtler einſt zu einer Abänderung ſeiner Trauer Magdalenas veranlaßten. Jedenfalls kommt der Schmerz dieſer bis auf die rechte Hand vollkommen verhüllten Geſtalt

Abb. 76. Im Meere (Seetingeltangel). 1874. (Zu Seite 87 und 107.)

neben der Leichenſtarre des nackten Körpers durch mehrfache Kontraſtwirkung — hell und dunkel, nackt und bekleidet, ſteif und bewegt — mächtiger zum Ausdruck, als ſelbſt durch die herrlich charakteriſierten Leidenszüge jener Magdalena. Eine rührende und tief poetiſche Idee iſt die Teilnahme der Engel am Schmerze der Madonna! — Bild auf Bild entſtand in dieſem Jahre, vielleicht dem fruchtbarſten in Böcklins ganzem Schaffen, wenn man dies überhaupt abmeſſen kann. Ein Frühlingsbild mit ſingenden, Laute ſpielenden Mädchen, eine Büßende Magdalena, Angelika, von einem Drachen bewacht, während Ruggiero zu ihrer Befreiung naht, die fiſchenden Pane, die in ihrem Netz eine Nixe gefangen haben, ein Bacchusfeſt und die groteske Szene aus Arioſt, wie Aſtolf mit dem Haupte Orills davonſprengt, alle dieſe Bilder verlegt Schmid noch in dieſes Jahr. Und jedenfalls begonnen hat der Maler 1873 den „Triton mit der Nereide" (Abb. 41), den Schack als letztes Bild Böcklins für ſeine Galerie kaufte und für Böcklins großartigſtes Werk erklärte. Er ſchreibt:

Abb. 77. Das Heiligtum des Herakles. Zweite Fassung. 1884. Mit Genehmigung der Photographischen Union in München. (Zu Seite 102 und 108.)

„Es herrscht ein wilder Jubel in dieser Szene; man glaubt, das Sausen und Wehen des Naturgeistes, das Jauchzen der Elementargeister im Kampfe der entfesselten Mächte des Meeres und der Lüfte zu vernehmen." Triton und Nereide ist ein Titel, der nichts sagt. Das Bild stellt Größeres vor, als ein paar mythologische Geschöpfe, es schildert wie alle diese Bilder Böcklins eben das Meer in einer seiner ungezählten, ewig wechselnden Stimmungen. Wenn der Meister ein anderes Mal die Einsamkeit des stillen Wassers darstellt, gilt sein Werk hier der Weite der bewegten Meer, der gigantischen Lebensfülle, die es enthält. Daher dies animalische Behagen der Nereide, der übermütige Muschelhornruf des Tritons. Von ähnlichen Grundgedanken ist die Version von 1875, welche der Familie Simrock in Berlin gehört und noch schöner vielleicht an farbiger Stimmung, eine Symphonie in graugrünen und blauen Tönen mit seltsam fahler Beleuchtung. Hier ist der Triton ein Meerkentaur, der mit sehnsüchtigem, fast schmerzlichem Blick ins Weite sieht — die Nereide aber ist ein üppiges, leichtherziges Geschöpf, wie auf dem ersten Bilde, auch inmitten dieser Unwetterstimmung losen Scherzen nicht abgeneigt. Der Kopf dieses Tritons gehört wohl zu Böcklins ausdrucksvollsten Gesichtern. Es ist, als sehne er sich in leidenschaftlicher Qual aus seinem Halbtiertum heraus. Fast das gleiche Paar finden wir in Triton und Najade von 1875 wieder. Der Meerkentaur, seltsamerweise ein Ruder brauchend, trägt seine schöne Najade auf dem Rücken durch die stürmisch bewegte Flut — Festen der Liebe entgegen, wie der kleine Gott mit Pfeil und Bogen verrät. Heiterer im Grundton sind verschiedene Tritonenbilder aus den achtziger Jahren, die das Spiel der Wasser in lachendem Übermut versinnlichen. Auch auf dem Bilde „Tritonenfamilie" räkelt sich die üppige Wasserfrau in trägem Behagen, während ihr derber Gatte daneben sein Söhnchen auf den Knien schaukelt (Abb. 65). Im „Spiel der Wellen" von 1883, dem populär gewordenen Bilde, das ein Schatz der Neuen Pinakothek in München

Abb. 78. Faune belauschen eine Nymphe. 1884 begonnen. (Zu Seite 98 und 108.)

Abb. 79. Bacchanal (Oktoberfest). 1885? (Zu Seite 107.)

ist (Abb. 75), besitzen wir vielleicht die freieste und froheste Betätigung Böcklinschen Humors und gleichzeitig gehört es zu den feinsten Leistungen seiner Farbenkunst. Der weißblonde Kopf der Nixe im Vordergrund mit dem Kranze purpurner Algen, ihr schillernder Fischschwanz unter Wasser; dieses Wasser eines mächtigen Wellentals überhaupt — was für glänzende Malerei! Gerade an diesem Bilde wurde besonders viel wegen Verzeichnungen gemäkelt und gerade hier sind sie besonders belanglos. In der Bewegung könnte keine der Figuren — man sehe nur die untertauchende, flüchtende Nymphe — besser gelungen sein. Übrigens erscheint auch die meistbekrittelte Blonde im Vordergrund im farbigen Original ganz anders, als hier im verkleinernden Schwarzdruck, wo alle Modellierung der Körperformen verloren geht. Ein Jahr später wurde die Idylle „Im Meer" (Abb. 76), auch „Seeingeltangel", geschaffen, ebenfalls ein Werk reinen Humors und sogar vielleicht der Selbstpersiflage. Der wohlbeleibte Harfenschläger im Mittelpunkt sieht dem Maler selbst ganz zweifellos ähnlich und die plärrende Nymphe auf seinem Rücken, die zuhörenden Tritonen, deren Köpfe wie leere Kürbisse auf dem Wasser zu schwimmen scheinen, sind von zwingender Komik. Noch üppiger geht es in dem „Spiel der Najaden" von 1886 zu (Abb. 81). Kopfüber kopfunter purzeln die jauchzenden, lachenden Kinder des Okeanos durcheinander, ja die eine führt ihren regelrechten Saltomortale aus. Sucht man nach einer Symbolik, so ist hier wohl das Aufbranden der Flut um eine Klippe gemeint, der Flut, die klatschend ans Gestein peitscht, sich überschlägt und in Gischt zerstiebt und dann doch wieder klar und unverletzt weiter wogt. Diesen Najaden hat Böcklin regelrechte Fischkörper und kein „gespaltenes Rückgrat" gegeben. Überhaupt pflegt er seine derartigen Geschöpfe immer wieder und wieder zu variieren; sie weisen „Arten und Varietäten" ohne Ende auf und sind nichts weniger als stereotyp. Auch darin liegt eine feine Art Symbolik, eine Symbolik des Formenreichtums der im Meere schaffenden Natur. Das Meer ist die Wiege alles Lebendigen, ein ewiges Zeugen und Gebären ist in der Flut. Und daher stammt der Zug vollsäftiger Vitalität, von Gesundheit strotzender Sinnlichkeit dieser Böcklinschen Meerfrauen und Seegötter. Sie sind etwas anderes als üppige Nymphen, die verlangend nach ihren halb tierischen Gefährten die Arme recken — sie sind Göttinnen des Lebens. Am schönsten vielleicht, trotz des etwas mißratenen Kopfes des einen Kindes, findet diese Darstellung des schaffenden Prinzips in der „Meeresidylle" von 1887 (Abb. 85) ihren Ausdruck. Diese Wasserfrau mit ihrem Säugling ist eine grandiose Verkörperung des Begriffes Mütterlichkeit, und prächtig ist der Gegensatz ihrer weichen, lebenswarmen Fülle zu der derben Verkörperung der zeugenden Kraft, die wir in ihrem Gemahl erkennen. Von der „Meeresstille" (Abb. 83) war schon wiederholt die Rede. Es ist schwer zu sagen, was schöner ist an diesem Juwel Böcklinscher Kunst: die Intensität, mit der die Gesamtstimmung einer drückenden, schwülen Ruhe vor dem Sturm herausgebracht wurde, der heißblühende Leib des Meerweibes oder die sublime Kunst, mit der hier wieder alles in Farben gesetzt und erfunden ist, bis zu dem quabbeligen Unhold, der mit

Abb. 80. Selbstbildnis von 1885. (Zu Seite 114.)

seiner Schlangenkrawatte im grünlichen Wasser versinkt. Oder ist es der Ausdruck dieser halb verträumten, halb lüstern lauernden Nixe, die erst der losbrechende Sturm wieder zu lustiger Lebendigkeit wecken wird? Besser als irgendein anderes Werk des Meisters läßt dieses erkennen, wie bei Böcklins Bildern solcher Art Figuren nicht eine erzählende, sondern eher eine symbolische Bedeutung haben und mit der Landschaft eins sind. Und besser als irgendein anderes seiner Bilder zeigt es vielleicht, wie tief dieser Mann der Natur in ihre dunklen Augen gesehen hat.

Kehren wir zurück zur Reihe Böcklinscher Schöpfungen aus seiner zweiten Münchener Zeit. Dem Triton folgte ein Wandbild auf Leinwand, das der Künstler in die Architektur eines Speisezimmers hinein, in einen Bogen über dem Büfett malte für das Haus des Eisenindustriellen Max Kustermann (Abb. 42). Man darf diese ruhevoll und würdig gruppierten, auf Wolken thronenden Gestalten mit ihren lieblichen Puttenpaaren vielleicht als diejenige von Böcklins dekorativen Arbeiten bezeichnen, die als Raumgestaltung die gelungenste, abgerundetste ist. In der Farbe ist das Bild sehr ruhig und weich gehalten, offenbar zum braunen Holzton gestimmt. Dann folgt der Pan, der eine Bacchantin auf dem Rücken trägt (Abb. 43). Nicht als Entführer trägt er die Schöne davon, sondern als gedemütigtes Reittier, das mit dem Thyrsos angetrieben wird. Das Bild einer blumenpflückenden, auf einer Wiese liegenden

Abb. 81. Das Spiel der Najaden. 1886. Museum zu Basel. (Zu Seite 87 und 114.)

Frau, die durch die Raumeinteilung eigentümlich riesenhaft erscheint, dürfte gleichfalls in jener Zeit fertig geworden sein, ebenso die „Frühlingsstimmung", die unsere Abbildung 44 wiedergibt. Das junge Paar unter Blüten, das da den Lenz ansingt, ist in seinem urwüchsigen Übermut eher komisch als idyllisch aufgefaßt, jedenfalls von erquickender Herbheit und Gesundheit. H. A. Schmid fügt dieser Bilderreihe chronologisch auch die „Vestalin" ein, die wieder eine ganz andre Pinselführung und ruhigere, breitere Behandlung zeigt, als alle ebengenannten Bilder. Freilich hat Böcklin oft genug von Werk zu Werk je nach den Forderungen der Bildidee seinen Stil modifiziert, der für ihn ja nie eine starre Formel war. Das Bild hat als Malerei übrigens Verwandtschaft mit den „Nonnen", die aus gleicher Epoche stammen mögen; beide Werke gehören dem glücklichsten Böcklinsammler, Freiherrn von Heyl. Außer einigen kleinern Sachen malte Böcklin in diesen Münchener Jahren auch noch die dritte Version seiner „Villa am Meer".

In der zweiten Hälfte der siebziger Jahre gewann er eine Beziehung, die für ihn sehr bedeutsam war — eine Beziehung zum Kunsthandel. Ein nüchternes Vertragsverhältnis mit dem Berliner Kunsthändler Fritz Gurlitt, das damals in die Wege geleitet wurde, war für den Maler jedenfalls nützlicher als alle früheren Beziehungen zu nörgelnden und schlecht bezahlenden Mäcenen. Von damals an hat Böcklin keine Not mehr gelitten, wenn auch natürlich nicht alle materiellen Sorgen vom Horizont seines Lebens verschwanden. Hierzu ließ es ja einerseits des genialen Mannes wenig wirtschaftlicher Sinn, anderseits die Größe der Familie nicht kommen und ein Haushalt wie dieser, der ständig das Domizil wechselte, verschlang ohnedies bedeutende Mittel. Da war nun der Gewinn einer einigermaßen sicheren Absatzstelle für den Maler von großem Wert und es ist wohl am Platze, hier des Mannes zu gedenken, der sie einem Böcklin verschaffte, als der erste deutsche Kunsthändler, der sein Geld an ihn wagte. Cornelius Gurlitt berichtet: „Das Verhältnis zwischen beiden war sehr einfach und klar. Mein Bruder übernahm es, Böcklins unverkäufliche Arbeiten an den Mann zu bringen, weil er an dem Siege ernster Kunst nicht zweifelte; er verschaffte sich den Kredit, um Böcklin seine Bilder abzukaufen. Böcklin versprach, sie zuerst ihm anzubieten. Mein Bruder setzte seine ganze Kraft ein, hohe Preise für die Bilder zu erzielen. Das war in beider Sinn. Denn mit dem Wert der Bilder wuchs Böcklins Verdienst." Fritz Gurlitt setzte bei seinen Ankäufen seine bescheidenen Mittel, seine Zukunft, seine geschäftliche Ehre ein — jene vielgepriesenen Mäcene wie Schack und Raczynski riskierten nichts, als höchstens einmal den Besitz eines minder guten Bildes. Darum Hut ab vor dem Kunsthändler, der dem Verständnis der Menge weit genug voraus war, die sichere Zukunft eines Böcklin zu glauben! Sonst hat der Kunsthandel für Böcklin nie das geringste gewagt, sondern nur von Böcklin, als sein Stern endlich voll erstrahlte, enormen Gewinn gezogen. Den Schaden, daß sie ihn nicht früher erkannten, haben freilich die Kunsthändler selbst gehabt. Wer von den achtziger Jahren an kühn zugegriffen und große Summen in Werken des großen Meister angelegt hätte, der hätte Millionen verdient. Noch zu Beginn der neunziger Jahre verdreifachten sich in ein paar Jahren die Preise Böcklinscher Bilder. Was vorher der ordnungsmäßige, vornehme Handel nicht gewagt, besorgt von da ab die wilde, wüste Spekulation der „Aufkäufer", die im modernen Kunstvertrieb eine so wenig schöne, alle Werte verschiebende und mit den niederträchtigsten Mitteln die Massen irreführende Rolle spielt.

Arnold Böcklin war nicht zum langen Stillesitzen am gleichen Orte geschaffen und fühlte sich bald auch in München — obwohl er später einmal die Münchener Jahre als mit die glücklichsten seines Lebens bezeichnete — nicht mehr wohl, ja er schalt recht herzhaft über diese Stadt. Der Verkehr mit den Kollegen war zum großen Teile wenig erquicklich und mit seinem ehemaligen Freunde Lenbach hatte er vollkommen gebrochen. Auch die Cholera ängstigte ihn, wegen seiner Familie. Und schließlich mag die wieder erwachende Sehnsucht nach Italien wohl eine mächtige Triebfeder abgegeben haben. Im Herbst 1874 siedelte er mit den Seinigen nach Florenz über, wo seiner ein Kreis künstlerisch verwandter Persönlichkeiten wartete, wo er das reichste und fruchtbarste Dezennium seines Lebenssommers verbringen sollte. Unendlich abwechslungsreich, unerschöpflich quollen da bald die Gedanken aus seiner Seele; eine formenschöne, großlinige und farbenprächtige Natur, eine Fülle alter Kunst aller Epochen, die Umgebung von gleichgesinnten Menschen, die ihn verstanden, bewunderten und förderten — alles das wirkte zusammen, um diese Lebensepoche Böcklins fruchtbar zu gestalten. Von den Freunden war Adolf Bayersdorfer mit einem Stipendium der bayerischen Regierung gleich mit, oder schon vor Böcklin nach der Arnostadt übergesiedelt, wo er fast sechs Jahre verbrachte. Der junge Albert Lang, der Böcklin bereits in München näher getreten war, harrte seiner in Florenz, wo Adolf Hildebrand mit Hans von Marées im romantischen alten Kloster San Francesco di Paula vor

Abb. 82. Herbstgedanken. 1886. (Zu Seite 114.)

der Porta Romana hauste, wo Karl Hillebrand einen interessanten Kreis um sich versammelt und Wladimir von Svertschkoff sich niedergelassen hatte. Die Böcklinsche Familie war voll guter Hoffnungen, als sie ankam. In den ersten Jahren freilich, solange jene Kunsthandelsverbindungen noch nicht in die Wege geleitet waren, ging es Böcklin nichts weniger als glänzend. Der Geldverbrauch der großen Familie war im Verhältnis zu den Einkünften immerhin horrend und Böcklin mußte schwer arbeiten, um aufzubringen, was er aufbringen mußte. Seine bittersten Klagen in Briefen und

Gesprächen stammen wohl aus jener Zeit. Auf sein Schaffen war das aber nicht von nachteiligem Einfluß und keinem seiner Florentiner Bilder wird man ansehen, daß er „wie ein Taglöhner arbeiten mußte, um seinen Bestellungen nachzukommen". Zunächst

Abb. 83. Meeresstille. 1887. Museum zu Basel. (Zu Seite 88 und 114.)

übrigens hatte er eine ganze Menge unverkaufter Bilder im Atelier stehen, wenn auch schon nach und nach die deutschen Kunstsammler anfingen, ihn zu würdigen und seine Bilder zu erwerben. Ein ganzer Anhang von jungen Malern war übrigens mit

Abb. 84. Sieh', es lacht die A u! 1887. Mit Genehmigung der Photographischen Union in München. (Zu Seite 114.)

Böcklin nach Florenz gekommen oder schloß sich hier an ihn an: Karl von Pidoll, die Baseler Hans Sandreuter und Adolf Preiswerk, später, 1878, kam auch Sigmund Landsinger dazu — heute nach Sandreuters Tode mit Welti der einzige, richtige Böcklinschüler, der in der Kunst eine Rolle spielt. Vorübergehend war der verdienstvolle gegenwärtige Leiter der Nationalgalerie in Berlin, Hugo von Tschudi, der in Wort und Tat so erfolgreich für die Anerkennung der Größe Böcklins gewirkt hat, in Florenz.

Böcklin schlug sein Studio im Atelierhause Wladimir von Swertschkoffs auf, des russischen Kunstfreundes und trefflichen Glasmalers, von dem ein farbenprächtiges Glasbild über einem Treppenpodest des alten Münchener Nationalmuseums prangt. Swertschkoff hat auch in taktvollster Weise im Jahre 1875, als es bei Böcklin recht

Abb. 85. Meeresidylle. 1887. Moderne Galerie zu Wien. (Zu Seite 87.)

knapp herging, durch einen „dringenden Auftrag" dem Künstler aus der Verlegenheit geholfen. So entstand der schöne, farbige Karton zur blumenstreuenden „Flora" (Abb. 49), aus dem später wiederum ein kleineres Ölbild geworden ist, ein Werk von herzerquickender Farbigkeit (Titelbild). Leider scheint ein Glasbild nach dem Karton nie ausgeführt worden zu sein — vielleicht holt noch einmal jemand die Ehrenpflicht nach, das Werk des Künstlers seinem wahren Zweck zuzuführen. Das erste, was Böcklin in Florenz malte, dürften die „Sirenen" (Abb. 45) gewesen sein, jenes Bildchen voll echten Humors, das einst im Besitz des genialen Tonkünstlers Hermann Levi in München gewesen ist. Das Bild ist auf außergewöhnlich derbkörnige Leinwand gemalt und mit köstlicher Phantasie hat Böcklin die zwei Sirenen erfunden. Sie sind von einem Felsblock derartig geborgen, daß die Schiffer vom Meere aus nur ihre „bessere" Hälfte sehen können. Den scheußlich-komischen Vogelunterleib kann dafür der Beschauer des Bildes in Muße betrachten. Unter der einen, dritten Sirene liegen die gebleichten Schädel von Opfern, wie große Eier, die das Vogelungetüm eben gelegt. Ein paar von den Tritonen- und Najadenbildern, welche in der nächsten Zeit entstanden und so schöne Proben von Böcklins reifstem und größtem Stil bedeuten, haben wir weiter oben schon betrachtet. Es folgt die „Einsamkeit", eine Frühlingslandschaft von hoher Poesie, nur von einer einzigen Gestalt belebt, aus deren Seele heraus die sanft melancholische Stimmung des Bildes empfunden ist. Auch in der ersten Version der „Hochzeitsreise" von 1875 ist die Frühlingslandschaft wunderschön, wie denn überhaupt die reiche landschaftliche Umgebung der „Blumenstadt" am Arno bald Bedeutung auf Böcklins Bildern gewonnen hat. Nicht bloß die Schätze antiker Kunst standen ihm offen und gaben ihm Anregungen in Fülle, auch der gewaltige Schauplatz antiken Lebens und seiner Vorstellungswelt umgab ihn, die Wiege jener

Abb. 86. Susanna im Bade. 1888. (Zu Seite 115.)

Kultur, die er intuitiv richtiger und tiefer erfaßt hat, als irgendein anderer. Auch dem Meere war er nahe. Es ist immer seine große Liebe gewesen, das Meer, und nicht allein seine Seele hat kostbare Schätze aus ihm gehoben, auch der leidende Körper Böcklins hat oft genug Heilung in der kühlen Salzflut gesucht und gefunden. Es ist von unendlichem Reiz, zu verfolgen, wie sich alle diese Einflüsse in des Meisters Werken spiegeln, wie doch trotz allem Sinnes für die Formenwelt des Südens und der Antike, der starke deutsche Einschlag seiner Natur durchbricht und vor allem, wie sich die Wucht seiner eigenen Persönlichkeit vor allen fremden Anregungen geltend macht. Vielleicht sind es zunächst die Quattrocentisten gewesen, die ihm in Florenz Offenbarungen boten und namentlich die Grazie und liebliche Unbefangenheit Botticellis haben dies sicher getan. Man kann die Spur wohl in mancher seiner Frauengestalten verfolgen — aber wie weit ist der Maler da von jener Nachahmung entfernt, wie sie etwa etliche der englischen Präraphaeliten getrieben! Wie blutleer sind deren überästhetische Geschöpfe gegen Gestalten wie Böcklins „Flora", die herrliche „Klio", die anmutige „Hoffnung" oder seine „Lautenspielerin am Bach" (Abb. 46), oder die drei „Singenden Mädchen" von 1876, die ebenfalls an einem Bache hinwandeln. Man sieht so recht, wie Böcklin, beim Studium der Alten, es immer verstanden hat, die innere Bedeutung vom ephemeren Gewande des Stils zu trennen. Ihm ist aus der Umarmung der schönen Helena Antike denn doch mehr im Besitze geblieben als das leere Gewand.

Die „Idylle" (Abb. 47) zeigt uns eine italienische Variante des „Pan im Schilfe", die klassische Heiterkeit statt geheimnisvollen Schauders atmet. Im Jahre 1875 malte Böcklin die farbenprächtige blumenstreuende Flora und den erwähnten Karton zu einem Glasgemälde für Svertschkoff (Abb. 49), ein Jahr später eine andere „Flora" von noch tieferem Sinn und in reicherer Gestaltung, welche unsere Abbildung 50 wiedergibt. Hier steht die holde Göttin in idealer florentinischer Frühlingslandschaft; sie weckt mit den Klängen aus ihrer Harfe die Blumen und gleichzeitig vier kindliche Genien, welche die Blumen versinnbildlichen. Wie so oft, hat der Künstler hier einen schon landschaftlich ausgedrückten Begriff durch allegorische Gestalten vertieft. Aber seine Allegorien sind gar lebenswarm und individuell im Gegensatze zu den allegorischen Frauenzimmern, Putten und Mannsbildern, welche unsere offizielle Repräsentationskunst aus der Barockzeit übernommen hat. Eine Böcklinsche Allegorie hat nie eine Spur jener leeren Begriffsverkörperung, die nur durch Attribute kenntlich wird. Wie packend sprechen seine „Klio", sein „Drama", seine „Freiheit". Nur das Notwendigste an äußeren Zutaten, an kennzeichnender Gewandung und Gerät gibt er den Gestalten bei; Ausdruck und Haltung sagen das meiste. In jener blumenweckenden Flora ist namentlich das Erwachen der Kinder mit liebenswürdigster Kunst zum Ausdruck gebracht, durch vier Stadien verfolgt. Vorn liegt ein kleiner Putto noch im Schlafe, aber unruhig. Die Töne der Harfe dringen schon in ihren Schlummer hinein. Der Kleine daneben mit dem Margueritenkranz öffnet eben die schweren Lider. Der dritte, unendlich hold und kindlich, sieht, bereits aufrecht sitzend, ein wenig blöde noch aus seinen verwunderten, lichtungewohnten Augen. Und der vierte Genius krabbelt schon hellwach im Grünen herum.

Das Jahr 1876 ist auch das Geburtsjahr der vielumstrittenen „Kreuzabnahme", eines Bildes, das mancherlei Schicksale gehabt hat und lange Jahre verstaubt und vergessen in Böcklins Haus lag. Vielleicht ist es der Farbe nach Böcklins größtes Meisterwerk gewesen, wenn auch die Proportionen und die Zeichnung überhaupt mancherlei zu wünschen lassen. Floerke gibt die Erklärung für solche Fehler in dem Bilde mit wenigen Worten: Die Kreuzabnahme — ein für Böcklinsche Verhältnisse großes, dritthalb Meter breites Bild — „ist in einem viel zu kleinen Atelier gemalt worden, in dem man nichts übersehen konnte". Wer aber in dieses Werk längere Zeit sich versenkt, der wird immer weniger Fehler darin bedauern und immer reichere Schönheiten an ihm entdecken. Es ist eine koloristische Symphonie von höchster Pracht und Fülle und auch an Kraft des Ausdrucks ist Böcklin kaum jemals näher an die Größten unter unseren alten deutschen Meistern hingekommen, wie in diesem Werke. Es gibt wahre Offenbarungen in bezug auf Farbenharmonie, in der Kunst eine Farbe so ins Bild zu bringen, daß sie schon für sich selbst, einfach als optisches Element wunderschön ist. Und wie wirkt da jeder farbige Fleck wieder zu allen anderen Partien, ohne daß die leuchtende Pracht, in ihrer Art zum Niedagewesenen gesteigert, dem tiefen Ernst des Ganzen Abbruch täte! Ganz besonders merkwürdig ist die Verwendung des Weiß in diesem Gemälde. Die gegen das Dunkel der Zypressen und des schiefergrauen Himmels weißleuchtende Kirchhofsmauer hebt und beeinflußt alle Farben, gibt den Figuren der Hauptgruppe ihr Relief und drängt die ganze Landschaft zurück. Überall das höchste Raffinement der Gegensätze im ganzen Bilde, in Tonwerten und Farbe, wie in Ausdruck, Gebärde und Form der Gestalten! Wie ergreifend friedlich, wie „erlöst" liegt der Erlöser da mit weich hingegossenen, von Krampf befreiten Gliedern und wie ist, im Gegensatze hierzu, in der Gestalt der Gottesmutter

Abb. 87. Vita somnium breve. 1888. Museum zu Basel.
Mit Genehmigung der Photographischen Union in München. (Zu Seite 115.)

jede Linie Erregung, Schmerz, Spannung der gefolterten Nerven bis zum Zerreißen! Ihr ausgeweintes, entrücktes Antlitz ist ergreifend wie das keiner zweiten Böcklinschen Madonna, selbst nicht das auf der interessanten Pietà von 1877 (Abb. 51). Grandios ist der Greisenkopf des Joseph von Arimathia auf der Kreuzabnahme, wie aus einem Meisterwerk Dürers geschnitten. Und doch hat das Bild lange kein Glück gehabt. Erst zu Beginn der neunziger Jahre ist es in München auf einer Ausstellung der „Sezession" wieder ausgestellt und verkauft worden. Die Berliner Nationalgalerie hat es seinerzeit nicht haben wollen und Böcklin selbst hatte wohl die Freude daran verloren.

Im Jahre 1876 beschäftigte sich der Künstler viel mit einer Darstellung der Cholera: der Tod, auf einem drachenartigen Untier sitzend, mäht mit der Sense die Menschen nieder. Das Bild kam aber zunächst nicht zur Ausführung und erst in seinen letzten Lebensjahren hat Böcklin den Gedanken wieder aufgegriffen, statt der Cholera aber eine andere Geißel der Menschheit symbolisiert, die Pest (Abb. 102). Es folgte der Grablegung eine vierte Version der Villa am Meer, die erwähnte Pietà mit dem seltsam schmerzverzerrten Madonnengesicht, die schöne schlafende Diana, von Faunen belauscht, ein Bild, das uns in Verlegenheit setzt, was wir mehr bewundern sollen, die Landschaft, oder die Gestalten der Faune und der schlafenden Göttin, die von so packender Lebendigkeit sind. Der ferne Wald, der schwere, reichabgestufte Wolkenhimmel, die Steine im Vordergrund mit ihrem üppigfarbigen Überzug von Moosen und Flechten — ein Ding, das Böcklin immer meisterhaft schön malt! — das wetteifert alles an Vollendung und Intimität der Darstellung und hat eigentlich Gleichwertiges nur im Landschaftlichen unserer alten deutschen Meister. Auf Bildern Cranachs und Altdorfers finden wir solche individuell und bedeutsam gestaltete Landschaften, namentlich bei dem letzteren, der so manchen Zug mit unserem Meister gemein hat. Später (1884) hat Böcklin ein ähnliches Motiv, aber mit gänzlich veränderter Situation in den Faunen bei der Quellnymphe behandelt (Abb. 78), aber sanfter, poetischer angefaßt, in Moll übersetzt, wenn man so sagen darf. Die Faune, die auf dem ersteren Bilde über die Reize der keuschen Göttin förmlich zu erschrecken scheinen, sitzen hier in frommer, andächtiger Beschauung. Die kleine schlafende Wassernymphe steht ihnen „animalisch näher", als die keusche Göttin der Nacht. Übrigens sind die Faune am Quell eins der vornehmsten und ausgeglichensten von Böcklins Werken dieser Gruppe. Obwohl die Landschaft einen sehr bescheidenen Raum einnimmt auf der Tafel, ist doch hier mit vollendeter Kunst alles Anekdotische, Erzählende zugunsten eines großen Natureindrucks zurückgedrängt, der Versinnbildlichung der erquickenden Mittagsruhe im Waldschatten an heißem Sommertage. Kleinere Bilder, die um 1877 fertig wurden, sind der „Schatzhüter" mit seiner imposant wirkenden Riesenfigur, der „Betende Einsiedler" in wilder, zerklüfteter Felsenlandschaft, der so harmonisch in den Raum gebrachte „Charon", der die Schatten einer Braut und anderer in seinem Nachen über die Wasser der Unterwelt führt (Abb. 52).

Die ganze sonnige, farbenfrische Heiterkeit der antiken Welt, in deren Wesen er immer tiefer eindrang, hat Böcklin in ein Werk gebannt, welches er 1878 für die Berliner Nationalgalerie malte, die „Gefilde der Seligen" (Abb. 53). Nach längeren fruchtlosen Unterhandlungen über die Pietà, zu deren Abänderungen er sich nicht entschließen konnte und eine neue Version der Meeresidylle, welche die Landeskunstkommission nicht haben wollte, sandte Böcklin dieser u. a. den Entwurf zur Insel der Seligen, der angenommen und bald ausgeführt wurde. Das Bild hat in Berlin die Philister und Kunstverständigen zu den wütendsten Protesten veranlaßt und jenen „Sturm von Entrüstung" hervorgerufen, von dem oben schon hübsche Proben gegeben wurden. Verstehen kann man's ja schwer, daß ein Werk voll so hinreißender Schönheitsfreude, diese Quintessenz aus des Meisters klassischen Studien derartig Widerspruch finden konnte, statt lauten Jubels. Die Schuld daran hatten wohl die Farben, die für damalige Verhältnisse freilich von verblüffend hellem Vollklang waren. So kräftig hat der Künstler nicht oft mehr zugegriffen. Das Motiv stimmt eigentümlich

Abb. 88. Frühlingshymne. 1888. Städtisches Museum zu Leipzig. (Zu Seite 116.)

überein mit der Stelle aus dem zweiten Teil des Faust, wo der Kentaur Chiron die schöne Helena auf dem Rücken trägt, aber das Werk des Dichters war es nicht, was den Maler anregte und er bemerkte selbst erst später die Übereinstimmung mit jenem. Er wollte nichts weiter geben als die Gefilde des Elysiums, nicht eine Szene daraus, sondern die ganzen seligen Gefilde in ihrer Räumlichkeit. Und diese sind die frohen und anmutigen Figuren untergeordnet, ihrer Vertiefung dienen sie. Böcklin selbst schreibt darüber: „Der Beschauer sollte den Raum fühlen, kein Gegenstand darf ihn lange fesseln und so konnte er auch nicht als für sich allein dasein und ausgeführt

Abb. 89. Judith. 1888. (Zu Seite 117.)

werden." Unsere Abbildung gibt das Bild im ganzen trefflich wieder; um aber zu sehen, wie sehr der Meister das erreicht hat, was er wollte, muß man diesen farbigsten allen Böcklins im Original vor sich haben. Denn sein Mittel, uns den Raum fühlen zu machen, war eben die Farbe. „Unsere Bildtafel ist eine Fläche, und um diese Fläche räumlich zu gestalten, muß ich ihren Charakter als Fläche aufheben — und dazu hat der Künstler nur die Farben!" sagte er zu Lasius, als er an der „Lebensinsel", einer späteren Variante der Gefilde der Seligen malte (Abb. 96). Wenn die Vordergrundgruppe in den leuchtendsten Farben des Prismas prangt, so hat das hauptsächlich den Zweck, den landschaftlichen Mittelgrund weit zurückzudrängen.

Ein „Kentaurenkampf" (Abb. 54), von dem schon die Rede war, eine weitere „Villa am Meer", ein Kentaur, der, am Wasser liegend, sich am Spiele der Fischlein vergnügt, ein Medusenhaupt in quadratischem Rahmen, ein Frauenporträt und die bereits besprochene „Sterbende Kleopatra" (Abb. 56) waren weitere Früchte dieses ertragsreichen Arbeitsjahres. Jenes Bildnis der Frau Mathilde Guaita (Abb. 55) darf man Böcklins schönsten und innigsten Bildnisarbeiten beizählen, wie denn überhaupt seine Porträts der Florentiner Zeit besonders anziehend sind. Meist überaus einfach, wie das ganz schlichte Konterfei Bayersdorfers (Abb. 48) und das edle Selbstbildnis (Abb. 60), dessen Blick dem Beschauer so mächtig in die Seele bringt, geben sie die Psyche des Originals mit tief nachspürendem Verständnis wieder. — „Ruggiero befreit Angelika" (Abb. 57), eine Szene aus Ariost, gemalt 1879, wirkt wunderbar eindringlich durch den stark herausgearbeiteten Gegensatz zwischen dem stahlblauen, gewappneten Helden und der rosigen Nacktheit der schamhaft sich abwendenden Dame. Ein guter Zug naiven Humors steckt in der schämigen Bewegung der Jungfrau, und der abgeschlagene Hechtkopf des Drachen selbst, der zu dem Paare hinaufblickt, zeigt so was wie ein ironisches Grinsen. So warmes, blühendes Frauenfleisch hat Böcklin eigentlich nur einmal wieder gemalt, in seiner „Meeresstille". Ein paar andere Bilder aus gleichem Jahre, die „Meeresbrandung" (Abb. 58) und der „Frühlingsabend" (Abb. 59), sind wieder belebte Stimmungsschilderungen von jener Art, für die Richard Muther in seiner Einführung in die Schackgalerie den treffenden Ausdruck gefunden hat: „Die Stimmung, die eine Landschaft in ihm erregt, setzt sich um in die Anschauung von Lebewesen, von Wesen, die wie die letzte Verdichtung des Naturlebens selbst, wie die greifbare Verkörperung des Naturgeistes erscheinen." In der Meeresbrandung verkörpert die Frau mit der Riesenharfe, welche in der Felsspalte der Uferklippe lehnt, den brausenden Ton des anstürmenden Meeres; der flötende Pan, dem die Nymphen lauschen, mahnt an die weiche, träumerische Stimmung des Frühlingsabends, der auch die wilde Begehrlichkeit des Ziegengottes zu sanftem Schmachten mildert. In dem Bilde „Am Quell" (Abb. 61) soll der Beschauer wieder den erfrischenden Hauch des niederrieselnden Wassers empfinden und der Anblick einer Amazone, die nach des Kampfes Hitze sich in dem kühlen Quell erquickt, löst jenes Gefühl ohne weiteres aus. Man kann ähnliche Züge durch alle Bilder Böcklins verfolgen, die überhaupt Landschaft und Figuren verbinden. Nie steht von Böcklins zweiter römischer Zeit ab eine Figur leer und nichtssagend, etwa nur als Farbfleck und Staffage im trivialen Sinne in der Landschaft, stets ist sie irgendwie Vermittlerin des geistigen Gehaltes, der Seele des Bildes; freilich versteht es der Maler meisterlich, solch einer Figur auch noch andre Missionen aufzuladen, durch sie farbige und räumliche Zwecke zu erreichen. Auch der „Triton" von 1879, der auf einer Klippe sitzend in sein Muschelhorn stößt, ist eine Verkörperung des Meeresbrausens.

Arnold Böcklin malte 1879 noch ein interessantes Bildnis der Frau Fiedler, das jetzt die Berliner Nationalgalerie besitzt und ein anderes der Frau Kopf als „Melancholie". Die Melancholie hat der Künstler immer wieder und wieder zu

Abb. 90. Die Lebensinsel. 1888. (Zu Seite 100 und 117.)

verkörpern gesucht und noch eines seiner letzten Werke beschäftigt sich mit dem Thema — er scheint aber nie befriedigt gewesen zu sein. Galt es doch die Grundstimmung seiner eigenen Seele in eine Frauengestalt zu verkörpern, ein Unterfangen, das vielleicht überhaupt unausführbar war. Auch das „Heiligtum des Herakles" (Abb. 77) wurde im Jahre 1879 begonnen, nachdem die figurenlose, prächtige Landschaft „Sturm am Meer", die H. A. Schmid mit Recht als Vorstufe zu jenem Werke bezeichnet, zu einem ausgereiften Bilde geworden war (Abb. 62). Man kann diese packende Schilderung eines Sturmes noch lieber haben, sie einheitlicher und gewaltiger finden, als das „Heiligtum des Herakles" selbst, in dem, Böcklins sonstigen Gewohnheiten und Grundsätzen entgegen, eigentlich eine Nebensache durch die beispiellos geschickte Ausführung zur Hauptsache geworden ist: die aus verschiedenartigem Material aufgeschichtete Quadermauer. Sie ist tatsächlich zu gut gemalt, als daß wir recht an Herkules, sein Heiligtum und die bewaffneten Beter denken könnten; unwillkürlich fällt der Blick immer wieder auf die mit petrographischer Treue dargestellten Unterschiede der Steinbrocken.

Im Frühjahr 1880 vollendete Böcklin jenes Werk, in welchem das Wesen seiner Kunst am monumentalsten verkörpert, mit welchem sein Name so untrennbar verbunden ist, daß uns beim Klang dieses Namens auch die Vorstellung dieser Schöpfung mit aufsteigt: „Die Toteninsel" (Abb. 63 und 64). Die erste Fassung, jetzt im Besitz der Familie Simrock in Berlin, ließ der Maler einstweilen stehen und wandte sich an eine zweite, die er sofort fertig malte. 1883 folgte eine dritte, 1884 eine vierte, eine fünfte, welche nun dem städtischen Museum in Leipzig gehört, im Jahre 1886. Eine letzte Fassung, Wiederholung einer früheren, wurde 1900 noch aus San Domenico nach München verkauft. Die Toteninsel, deren Motiv, wenn auch zunächst vielleicht unbewußt beim Besuch der wildmalerischen Ponzainseln in des Künstlers Gemerk blieb, von diesem aber selbstverständlich vollkommen frei umgestaltet wurde, hat er zunächst auf den Wunsch der Gräfin von Oriola geschaffen, welche bei einem Besuch in Florenz beim Künstler ein Werk dieser Art bestellte. Bei ihrer Rückkehr, erzählt H. A. Schmid, führte sie Böcklin vor sein Werk und sagte etwa: „Sie erhalten, wie gewünscht, ein Bild zum Träumen. Es muß so stille wirken, daß man erschrickt,

Abb. 91. Römerschlacht. Zweite Fassung. 1889. (Zu Seite 117.)

wenn angeklopft wird."
Und so tiefergreifend stille
wirkt es auch! Nie ist
mit den Mitteln der Land=
schaftsmalerei eine so inten=
sive Wirkung erreicht wor=
den, keine Landschafts=
komposition, die wir kennen,
ist großzügiger und origi=
neller erfunden. Und dabei
kein wildes Pathos, kein
akademischer Linienschwung,
sondern eine Naturwahr=
heit, daß man meint, das
stille Eiland müsse ir=
gendwo in dieser düsteren
Schönheit aus den Fluten
steigen! Ganz ohne figür=
liche Zutat ist freilich die
starke, seelische Eindring=
lichkeit dieser Komposition
nicht erzielt worden: der
Kahn mit der weißen Prie=
stergestalt und dem Sarge,
welcher der Insel zugeführt
wird, wirkt mächtig zu dem
Eindruck mit, eine Staf=
fage, die so glücklich er=
funden ist, daß sie ein
unentbehrliches Stück des
Ganzen bildet und vom
Künstler in allen folgen=
den Varianten an glei=
cher Stelle mit angebracht
wurde. Dieser Kahn gab
freilich auch ein vorzüg=
liches Mittel ab, die Wasser=

Abb. 92. Bildnis Gottfried Kellers. 1889. (Zu Seite 118.)

fläche gegen den Beschauer heraus horizontal auszudehnen. Auf allen Versionen steht
die Uferlinie der Felseninsel ganz nahe am unteren Bildrand und doch rückt die Insel
eben durch diesen Kahn weit ins Bild hinein zurück. Es ist überaus reizvoll, die fünf
Versionen der Toteninsel zu vergleichen und zu sehen, wie sehr sie in allen Einzelheiten
verschieden sind. Bald ist die Stimmung, wie in der Fassung II (Abb. 63) grau,
düster, drohend, bald sind die Farben des Gesteins bunt und leuchtend, wie in der
zweiten Wiederholung (Abb. 64), die Frau J. Schön in Worms besitzt; bald steuert das
Boot in einen dunklen schmalen Hafen hinein, bald einem treppenartigen Landungsplatze
entgegen; hier bauen sich die Grabnischen in doppelter Reihe auf, dort ist nur eine
sichtbar; hier ragen die Zypressen, die dunkle Masse, auf der hauptsächlich die schwere
Ruhe der Wirkung beruht, weit über das Gestein hinaus, dort schneiden sie mit den
höchsten Spitzen der Klippen ab. Färbung und Charakter des Wassers wechseln in
gleicher Weise und wenn man die Bilder vergleicht, hat man den Eindruck, als habe
sich der Künstler in keiner Weise daran müde gearbeitet, ja im Gegenteile diese Neu=
gestaltungen als anregende künstlerische Aufgaben betrachtet. Auch die „Ruine am
Meere", die im gleichen Jahre, wie die Toteninsel in ihrer ersten Fassung entstand,
hat er so mehrfach — fünfmal! — variiert und ein spätes Temperabild von 1898

klingt ebenfalls noch stark an das Motiv an, das er immer ohne menschliche Staffage behandelt hat. Sie schien ihm, dem unglaublich fein Empfindenden und tief Überlegenden, wohl direkt störend. „Es war einmal," sagte Böcklin, „das ist's, was aus dem Bilde sprechen muß." Er brauchte keine romantischen Zutaten, wenn er eine romantische Stimmung ausdrücken wollte. Das Lied von zertrümmerter Größe, von den dreidoppelten Schauern der Einsamkeit, die durch solch verwüstetes Gemäuer wehen, wird laut, auch ohne Menschenstimmen. Die 1880er Fassung der Ruine am Meer ist in Breitformat gehalten. Die Ruine selbst mit dem Vogelschwarm und den sturmgebeugten Zypressen ist fast identisch mit der der zweiten Wiederholung von 1883 (Abb. 66) mit ihrer eigentümlich fahlrötlichen Beleuchtung. Im Vordergrunde erzählen hier Reste eines Portales von vergangener Pracht und Herrlichkeit. Die erste Wieder=

Abb. 93. Der Gang zum Bacchustempel. 1890. (Zu Seite 119.)

holung, von der Klingers Radiernadel (wie von der Toteninsel III, Abb. 64) eine prächtige Nachdichtung — aber keine Kopie! — schuf, ist wohl die wirksamste in ihrer großen Einfachheit! In der „Burgruine" mit den zwei kreisenden Raubvögeln fehlt das Meer; man hat den Eindruck gewaltiger Höhe, von welcher der Blick im Unwetterlicht über weites Gelände hinschweift. Die letzte Version von 1898 ist in dem feinen Altersstil Böcklins gehalten, mit vielen reizvollen Details, welche die mannigfachsten koloristischen Abstufungen zeigen, und stürmisch zu den Klippen aufbrausendem Meere. Die packende Wucht der ersten Bilder hat dieses nicht.

In das Jahr 1881 fällt eine jener unerquicklichen Episoden, die dem großen Manne so reichlich zugemessen waren. Böcklin sollte für das Treppenhaus des Museums in Breslau dekorative Wandgemälde schaffen. Für die erste Wand war das Motiv der Einführung des Christentums in Schlesien vorgesehen und Böcklin, den die Aufgabe reizte, führte als Entwurf die unter dem Namen fertur lux in tenebris bekannte Ölskizze aus, die im Mittelbild die, sehr originell erfaßte Gestalt Christi mit Johannes und Paulus enthielt. Eine gemalte Bogenstellung sollte das Bild den drei rechteckigen,

durch Pilaster getrennten Wandflächen einpassen. Auf die gegenüberliegende Wand
wollte Böcklin im Gegensatze zu diesen düster gestimmten Bildern, so berichtet Schmid,
das Heiterste und Lieblichste malen. Aber die von Böcklin geforderte Summe von
60 000 Mark wurde nicht aufgebracht oder an Bedingungen geknüpft, die dem Künstler,
der schon nach Breslau übersiedeln wollte, nicht paßten und die Sache zerschlug sich.
Eine Ironie des Zufalls will es, daß zehn Jahre später gerade von einem Breslauer
Kunstfreunde, dem Geheimrat Dr. Albert Neisser, für ein Staffeleibild, Venus genitrix

Abb. 94. Die Tochter der Herodias. 1891. (Zu Seite 119.)

(Abb. 98), dem Künstler jene Summe gezahlt wurde, welche die offizielle Welt für sechs
große Wandbilder nicht übrig hatte.

In der nächsten Zeit schuf er noch eine Anzahl vorwiegend oder rein landschaft-
licher Werke von allerhöchstem Reiz, so den „Sommertag" (Abb. 67), eine Stimmung, die wirklich kristallisierter Sommer ist — wie hat der Meister hier wieder die
einzig passende Staffage gefunden! — den „Quell in der Felsschlucht", ein
Frühlingslied von wundersam reichem lyrischen Gehalt (Abb. 69), den „Heiligen
Hain" von 1882 mit seiner erhebenden Feierlichkeit (Abb. 70). Von letzterem existiert
unter dem Titel „Die Feueranbeter" eine weitere Fassung aus dem Jahre 1886.
Mit dem Heiligen Hain der Schackgalerie haben diese Bilder weniger Ähnlichkeit. Einen
ganz anderen Landschaftstypus hat der, in seinen Motiven stets aufs feinste abwechselnde
Künstler in dem Gotenzug von 1881, den Prometheusbildern (Abb. 73) und
anderen Werken — auch der „Kampf auf der Brücke" (Abb. 72) gehört hier-

her — variiert, großartige Bergnatur, deren imposante Wildheit durch unheimliche Wetterbeleuchtung noch gehoben wird. In den Prometheusbildern hat sich das über den Bergen lagernde Wetter zur Gestalt des mythischen Riesen verdichtet, der, beim ersten Anblick als Figur kaum erkennbar, hoch oben auf dem Kamm des Gebirges angeschmiedet liegt. Unten tost das Wasser wider senkrecht abfallende Klippen, Blitzlicht streift über die Wipfel des sturmgepeitschten Uferwaldes. Eine Wiederholung — was natürlich auch hier wieder soviel sagen will als eine Neuschöpfung! — besitzt Herr von Heyl in Darmstadt.

Zu der stolzen Gestalt der sich enthüllenden „Wahrheit" (Abb. 68) besitzen wir einen lehrreichen Kommentar in einem Gespräche des Meisters mit Floerke, ein Kommentar, der hier angeführt werden mag, wenn er sich auch auf die zweite, größere, 1886 in Zürich zerstörte Version der „Wahrheit" bezieht. In dem Sichenthüllen sah Böcklin den eigentlichen Gedanken des Bildes. Der sieghafte Stolz und die Reinheit des hehren Antlitzes mußten dabei jeden Gedanken an lüsterne Entkleidung unmöglich machen. Aber in stolzer Keuschheit mußte die Wahrheit ihre Gestalt zeigen: „Dorthin allein muß das Auge; denn nur in dieser Bewegung liegt der Sinn des Bildes. — Ich finde jetzt, wo sie fertig ist, daß ich sie zu weit entblößt habe, das Auge wird abgelenkt und nicht gezwungen!" Am andern Tage war das ganze lebensgroße Bild abgekratzt und das leere Brett stand da! Das war der Mann, dem schulmeisternde Kritik weiß Gott was für Frivolitäten nachsagte. Und so wenig Kompromißmensch war er, daß er die Gestalt lieber abkratzte, als daß er etwa einen Schleier über die allzuweit enthüllten Partien des königlichen Frauenleibes gemalt hätte! Je weiter man Böcklins Schaffen nachspürt, desto reiner und freier von Menschlichkeiten erscheint seine Gestalt und desto erstaunlicher wächst uns auch das Maß der geistigen Bedeutung, der gewaltigen Gesetzmäßigkeit seiner Kunst. Bei ihm ist nie der Zufall Vater glücklicher bildnerischer Gedanken gewesen; sie wurden alle aus bewußt wirkender Kraft geboren.

Ein paar glänzende Hauptwerke brachte das Jahr 1882 — Dichtung und Malerei, das gemalte künstlerische Glaubensbekenntnis Arnold Böcklins und den „Abenteurer". Das erstere Bild gibt unsere Abbildung 71 wieder: Die idealen Frauengestalten, durch welche die beiden im Titel genannten Künste versinnbildlicht sind, schöpfen aus dem gleichen Quell. Böcklin versuchte es zuerst mit einer Säulenhalle als Hintergrund, änderte aber dann diesen, sehr zum Vorteil des Ganzen, in einen Lorbeerhain um, der wohl als Malerei zu seinen staunenswertesten Naturschilderungen gehört. Jedes Blättchen an diesen Lorbeerbäumen ist charakteristisch. Der landschaftliche Hintergrund war in jedem Sinne vorzuziehen, der gemeinsame Born für Poesie und bildende Kunst quillt ja wirklich in der freien Natur. Als koloristisches Ganzes gehört das Bild der farbigsten Gruppe Böcklinscher Gemälde an. Die Schleiergewänder der beiden Musen prangen in den heitersten Farben. Zum „Abenteurer", der von seinem Schiffe an unbekanntem Strande ausgesetzt, auf schauderndem Rosse über zerkrachendes gebleichtes Gebein landeinwärts reitet, gab die ritterliche Gestalt des Ruggiero aus dem Ariost dem Künstler die Anregung. Aber in der Ausführung wuchs das Werk bedeutend über alles Illustrative hinaus und gewann einen großen, allgemeinen menschlichen Gehalt. Es wurde „Der Abenteurer" schlechthin. Was für ein imposanter Recke ist dieser tollkühne Mann, dessen Gesicht deutlich an den Typus des Franz I.-Bildnisses von Tizian im Louvre erinnert! Mit welcher Ruhe reitet der Eiserne über die Gebeine seiner Vorgänger hin, dem Ungewissen entgegen. Das Roß aber beschnuppert, wie ahnungsvoll, die Knochen im Sande! Die Bremer Kunsthalle ist im Besitze dieses großartigen Werkes. Ihm folgte der „Prometheus" (Abb. 73), das wundervoll breit und saftig gemalte Bildnis der Frau Gurlitt mit ihrem Kinde, das fast an Leibls Malweise denken läßt, die hoheitsvolle $MOY\Sigma A\ \Sigma EMNH$ und die ihr ebenbürtige Gestalt des Drama. Beide Gestalten sind dicht in weichanschmiegende Gewänder gehüllt, welche auch von den Armen nichts oder wenig zeigen. Böcklin hatte eine besondere Vorliebe für solche Stellungen. Auch sein Odysseus von 1883

Abb. 95. In der Gartenlaube. 1891. Künstlergesellschaft zu Zürich. (Zu Seite 119.)

steht in ähnlicher Verfassung auf den Felsen des Meeresufers bei der schönen Kalypso und starrt in die Weite (Abb. 74). Der unendlich stimmungsreiche „Frühlingstag" mit den Gestalten der „Vier Lebensalter" und das vielfach erwähnte „Spiel der Wellen", sowie Versionen der Toteninsel und der Villa am Meer sind Früchte des Jahres 1883 und wohl auch der „Seetingeltangel" (Abb. 76) wurde noch im Winter 1883 begonnen. Im Frühjahr darauf folgte das „Heiligtum des Herakles", von dem oben die Rede war (Abb. 77), wie auch schon von den Faunen, die eine schlafende Nymphe belauschen (Abb. 78). Manchen Widerspruch, oder besser, sehr wenig Verständnis, hat ein anderes Bild aus dieser Zeit gefunden: „Gott Vater zeigt Adam das Paradies", und doch enthält es ganz besondere Schönheiten. Die gütige Väterlichkeit des lieben Gottes in seinem roten, sternbestickten Mantel ist

Abb. 96. Der heilige Antonius predigt den Fischen. 1892. (Zu Seite 119.)

geradezu rührend herausgebracht und das linkisch hölzerne, ja blöde Wesen des noch sehr jung gedachten Adam ist mit wohlbewußter Absichtlichkeit als Gegensatz zu dem weisen und milden alten Herrn betont. Und diese Landschaft mit ihrem reizvollen Kontrast von öder, mit Moos und Algen bewachsener Steinwüste und den Gefilden des Paradieses! Mit dem seelenvollen und liebenswürdigen Werke etwa gleichzeitig wurde ein anderes Bild des Meisters fertig, das ebenfalls Ausfluß reinster Liebenswürdigkeit ist, der Geigende Einsiedler vor dem Marienbilde in der Berliner Nationalgalerie. Man möchte versucht sein, zu sagen, daß dies Gemälde „weniger Böcklin" sei, als irgendein anderes Bild des Meisters, weil der malerische Gedanke mehr hinter dem gegenständlichen Motiv zurücktritt. Aber Böcklins Wesen ist eben nicht vom engen Rahmen einer Theorie abgeschlossen und er liebt es — namentlich auch in der malerischen Ausdrucksweise! — gelegentlich die selbstgezogenen Grenzen zu durchbrechen.

Die letzten bedeutsamen Bilder, die 1885 in Florenz gemalt wurden, sind das Bacchanale (auch unter dem Namen Oktoberfest bekannt) und das Schweigen des Waldes. Das Bacchanale (Abb. 79), jetzt im Besitze der Galerie Knorr in München, gehört sicher zu dem kühnsten Farbenfeuerwerk, das der Meister losgebrannt

Abb. 97. Francesca da Rimini und Paolo Malatesta. 1893. (Zu Seite 120.)

hat. Die Lebhaftigkeit des Kolorits, das heiß und laut ist und doch in eine rauschende Harmonie zusammenklingt, entspricht dem übermütigen Grundgedanken des Ganzen. „Rausch" könnte er heißen! Trunken sind sie alle, der steifgetrunkene Kriegsmann rechts, der träumt, er sei in Reih und Glied, sein Kamerad, der direkt aus der Flasche sich den Wein in die Kehle gießt und die ganze übrige Gesellschaft von tanzenden, zechenden alten Knaben und Mädchen. Die Hauptgruppe auf dem Rasen in ihren grellleuchtenden Gewändern in Gelb, Blau und Rot grenzt stark an die Karikatur, lachender, bacchischer Übermut hat dem Künstler die Hand geführt und der Vorwurf gab ihm willkommene Gelegenheit, sich wieder einmal recht in Farben austoben zu können. „Das Schweigen des Waldes" ist in unserer Heimat so populär, wie auch

nur wenige Böcklinsche Bilder. Es ist in Welschland gemalt, aber durch deutschen
Tannenwald reitet die Fee auf ihrem gespenstischen Tier, und von uns germanischen
Nordländern hat wohl jeder schon einmal die geheimnisvollen Schauer in Waldeseinsam=
keit empfunden, welche der Maler durch sein Bild wecken wollte. Wecken wollte?
Nein: weckt! Vielleicht hat er nie die erstrebte Wirkung so unwiderstehlich erreicht,
wie hier! Die meisterhafte Erfindung des Fabeltieres hat sogar Menzel anerkennen
müssen, der sonst für seinen großen Antipoden so wenig übrig hatte. Jeder andere
hätte wohl ungefähr das traditionelle gehörnte Pferd als Einhorn gemalt. Für Böcklin
war das nicht geheimnisvoll und vielleicht auch nicht — naturgeschichtlich genug. Er
verband den Pferde=Typus mit dem der Wiederkäuer zu einem phantastischen und doch
organischen Ganzen und gab dem Tiere erstaunte, ja erschrockene Augen. Augen, die
schaudern machen und selber vor dem Ausblick aus dem Dunkel ins Hell zurück=
schaudern. Und in dem Blick des Tieres konzentriert sich die ganze Wirkung dieses
Bildes. So reizvoll die spukhaft=schöne Gestalt der Waldfrau ist — auch wenn diese
Reiterin auf dem Rücken des Einhorns fehlte, würde des Werkes Ausdruck nicht um
vieles abgeschwächt sein.

Die Florentiner Jahre, während welcher Böcklin natürlich nicht immer festsaß,
sondern die Küsten und Inseln Italiens wiederholt bereiste — er war unter anderem
mehrfach in Ischia, wo er sich auch das Abenteurer=Motiv geholt haben soll —
waren für ihn vielleicht die Jahre der stärksten künstlerischen Anregung, des kühnsten
malerischen Aufschwungs, die ihn auf die volle Höhe seines Schaffens führten. Er
genoß und empfing hier alles, was das Wunderland Italien einer so reichen und
aufnahmefähigen Seele zu geben hatte. Zu Sandreuter hat er sich einmal geäußert:
„In Italien sind die Farben in der Natur mehr ausgesprochen, als bei uns
und man hat dort eine unerschöpfliche Fülle reizender Motive, die den Künstler zum
Malen anregen. Es ist mehr Poesie in der Natur. Wo man hinblickt, ein
abgeschlossenes Bildchen, sei es ein blumenumranktes Muttergottesbild, sei es ein Mönch
unter einer Zypresse oder ein überwucherter Garten mit halbzerfallenen Statuen, und
unwillkürlich greift man zum Pinsel. Und dann rings um uns herum das bewegte
Leben, die ungelassene Fröhlichkeit!" Trotzdem diese Vorteile ihn mit gewaltiger Macht
anlockten, sah sich Arnold Böcklin im Jahre 1885 nach elfjähriger Anwesenheit in
Italien wieder veranlaßt nach der schweizerischen Heimat zu verziehen; wie früher schon
einmal, rief ihn die Sorge um die heranwachsenden Söhne nach Hause, wo er diesen
eine bessere höhere Schulbildung zu geben hoffte. Und er selbst verlor nicht bei dieser
Übersiedelung! Wir wissen aus den Schilderungen von Lasius und Frey, daß ihm
jetzt in Zürich, wohin er sich der Schulen wegen, statt nach Basel, wandte, eine Zeit
schönen, freundlichen Behagens zuteil wurde, die auch enorm reich war an künst=
lerischen Ergebnissen, daß der Schweizer in ihm wieder zu seinem Rechte kam und
schließlich eine Freundschaft ihm erwuchs, welche die zwei Besten seines Volkes zu=
sammenführte, die mit Gottfried Keller. Er hat in den sieben Züricher Jahren
ungefähr vierzig Bilder gemalt, von welchen manches allein genügt hätte, ihm den
Ruhm eines großen Meisters zu sichern und er erntete jetzt endlich den Erfolg, den
ihm eine ungeheuerliche Ungerechtigkeit des Schicksals so lange vorenthalten hatte.
Es wäre in hohem Grade anziehend, auf das Züricher Leben Böcklins näher einzugehen.
In jenen Schilderungen von Lasius und Frey tritt er uns menschlich wundersam
nahe, dieser reine, große, warmherzige Mensch in seiner, manchmal knurrig sich gebenden
und doch unerschöpflichen Güte und seiner stolzen Bescheidenheit. Er freute sich herz=
lich an der Heimat, die ihn so spät erkannt hatte und blieb durchaus nicht in olym=
pischer Unnahbarkeit dem kleinbürgerlichen Leben und den bescheidenen Vergnügungen
seiner Mitbürger fern, lernte auch die Natur der neugewonnenen Heimat bald wieder
liebgewinnen und hielt ihren Zauber in Bildern fest, wenn er auch mehr seinen reichen
Gedächtnisschatz italienischer Landschaftsmotive ausbeutete. Er schwang fröhlich den
Becher und hatte einen trefflichen Zechgenossen in Gottfried Keller, verkehrte auch
freundschaftlich mit seinem alten Genossen Koller, dem Bildhauer R. Kyßling, den

Abb. 98. Venus Genitrix. 1895. Mit Genehmigung der Photographischen Union in München. (Zu Seite 105, 118 und 120.)

Architekten Bluntschli, Albert Müller, Gustav Gull und Fleiner, dem geschmackvollen Publizisten, dem wir manche wertvolle Nachricht über den Meister verdanken. Böcklin hatte Gottfried Keller vor seiner Ankunft in Zürich persönlich nicht gekannt, ihn aber, wie es anders kaum möglich war, als Dichter innig bewundert und geliebt. Keller selbst blickte zwar mit Respekt, aber auch mit einer gewissen Unsicherheit auf den Maler, von dem er nicht einmal vieles kannte. Zudem hatte er, selbst Maler, der nicht weit über den Dilettantismus hinaus war, in Kunstdingen Meinungen, die von denen Böcklins weitab gingen. Böcklin nun wünschte herzlich, seinen verehrten Landsmann kennen zu lernen und suchte ihn eines Sommerabends in seiner Stammkneipe, der „Meise", auf, wo man sicher war, den Poeten zu finden. Sie behagten sich menschlich von Stund an, wie A. Frey erzählt, und es bedurfte nur etlicher Besuche in des Malers Werkstatt, um Keller auch über den künstlerischen Wert seines neuen Freundes die Augen zu öffnen. Böcklin selbst aber hielt so Gewaltiges von den Schöpfergaben Kellers, daß er erklärte, dieser würde, wäre er dazu gekommen, das Technische zu erlernen, als Maler ebenso groß geworden sein, wie als Dichter. Jener fügte sich der herben und oft recht unfreundlichen Art des Züricher Oberstaatsschreibers und hielt ihm eine rührend treue Freundschaft. Sie saßen stundenlang, mächtig qualmend, beim Becher einander gegenüber und oft genug brachte Böcklin den älteren Freund, der auch nüchtern schon auf recht schwachen Beinchen ging — Keller war bekanntlich sehr klein von Gestalt! — treu besorgt nach Hause. Dafür war Keller gelegentlich des Malers Ratgeber in finanziellen Dingen, vor denen Böcklin mit kindlicher Unbefangenheit stand. Meister Gottfried hat zu Böcklins sechzigstem Geburtstag Verse gesungen, welche der Kunst des Meisters in herrlicher Weise gerecht werden:

> „Seit bei uns Du eingezogen
> Und Dein leichtes Haus gebaut,
> Sehen wir der Iris Bogen
> Wenn der hellste Himmel blaut.
> Sehn die Fülle der Gesichte
> Dich im Reigentanz umziehn,
> Sehn, wie Knospen, Blüten, Früchte,
> Rastlos Deiner Hand entfliehn."

Böcklin hat dafür ein paar treffliche Bildnisse seines dichtenden Freundes gemalt und den Entwurf zur Gottfried Keller-Medaille modelliert, die dem Dichter zum 70. Geburtstag überreicht wurde. Und man wird auch in manchem seiner Bilder einen Anhauch vom Geiste des Freundes entdecken können. Vielleicht in der Heimkehr, die eine so echte Gottfried Kellersche Stimmung in Böcklinschen Farben wiedergibt!

Abb. 99 Polyphem. 1896. (Zu Seite 120.)

Abb. 100. Der Krieg. Zweite Fassung. (Zu Seite 122.)

Der Maler hat auch am 15. Juli 1890 am Totenbett des Poeten gestanden, nachdem er dem Kranken alles Liebe, das zu tun war, auch getan hatte.

Als Böcklin im Frühjahr 1885 nach Zürich kam, mietete er sich ein idyllisch gelegenes, altertümlich behagliches Landhaus „zur Eidmatte" und baute sich auf der Höhe von Hirtlanden ein schmuckloses, sehr geräumiges Atelier, das von außen wie eine Scheune aussah und innen durchaus nicht die üppige Ausstattung aufwies, die sich manch einer von der Werkstatt des großen Farbenzauberers und Formenschöpfers erwarten mochte. Zum Schaffen brauchte er Sammlung und Ernst. Alles Arrangierte und Spielerische hätte ihn bloß gestört. Dunkler Stoff bespannte die Wände und in der wohlberechneten guten Beleuchtung zeigten seine Bilder den vollen Glanz ihrer Farbe. Der Raum war von ganz bedeutenden Ausmaßen, wohl zwanzig Meter lang. Feine farbige Streifen unterbrachen die Eintönigkeit der dunklen Wände. Nichts vom üblichen Atelierkram. Auch keine Studien und Skizzen!

Das Selbstbildnis mit dem Weinglase (Abb. 80), das ein bedeutsames Gegenstück zu dem anderen mit dem fiedelnden Tod bildet, war das erste, in Zürich gemalte Bild. Es zeigt die zweite Seite von Böcklins Wesen, die der Melancholie die Wage hielt, die lebenbezwingende Kraft, die Freude am Dasein! Von Übermut ist freilich nichts darin; eher was von Trotz ist in diesen magisch den Blick anziehenden Augen. Als unmittelbare Lebensschilderung mag dies Selbstbild noch wahrer sein als jenes andere. In acht Tagen hat Böcklin das lebensgroße Bildnis fertig gebracht. Es war sein Grundsatz, daß Bildnisse rasch gemalt werden müssen: „Von einer im Bilde dargestellten Person will ich doch nur das sehen, was mich interessiert — das, was bei ihr anders ist als bei anderen. Das kann ich nur mit sicherem, raschem Erfassen fertigbringen." Auch der „Tanz um die Bacchussäule", auch Altrömische Maifeier genannt, ein Bild, das die Hamburger Kunsthalle erworben hat, entstand noch im Jahre 1885. Dann folgte eine Neugestaltung des Schweigens im Walde, worin die Waldfee ein Diadem trägt, neue Versionen der Toteninsel, des Heiligen Haines, dem diesmal Feueranbeter als Staffage dienen, des Überfalls durch Piraten, die Burgruine (die Fassung mit den kreisenden Adlern). Man sieht schon aus diesen zahlreichen Wiederholungen früherer Bilder, die doch alle Bestellungen ihr Dasein verdankten, wie des Künstlers Ruhm in immer weitere kunstliebende, ja sogar — kunstkaufende Kreise drang. Und immer gab sich der Künstler, der auch ein eminent ehrenhafter Mann war, der Aufgabe mit voller, mit neuer Liebe und Gründlichkeit hin; seine Wiederholungen — die der allerletzten Zeit vielleicht ausgenommen — bedeuten nie Verwässerungen und Verschlechterungen, sondern sogar sehr oft höhere Stufen der ursprünglichen Bilder. Andere Maler wenden an solche Nachbestellungen, für den im Grunde nie der Beweis von tieferem Verständnis und höchster Achtung für den Künstler sind, nicht eben ihr Bestes, oder lassen sie wohl ganz von Hilfskräften ausführen. Vom fröhlichen „Spiel der Najaden" (Abb. 81) war schon weiter oben die Rede, wie auch von der (1887) gemalten „Meeresstille" (Abb. 83), die wohl als das Juwel unter Böcklins Meerfrauenbildern gelten kann. Über die Entstehung der „Herbstgedanken" (Abb. 82), dem Hauptbilde des Jahres 1886, hat uns Floerke wertvolle Aufschlüsse gegeben. Das Bild sollte einen Jugendeindruck vermitteln, den der Maler irgendwo empfangen hatte, die feine Melancholie, welche der Anblick von „Herbstzeitlosen" in stiller Landschaft immer auslöst. Herbstzeitlosen bedecken den Wiesenhang über dem kühlklaren Wasser, an dem eine sinnende Frau in blauem Mantel langsam hinschreitet. Der Maler zeigte damals Floerke, wie die zackigen Blätter der Platanen ausschließlich zu dem Zweck ausgeführt waren, „damit es drunter um so einfacher und stiller werde". Das Motiv zu dem, in den fröhlichsten Farben lachenden Frühlingsbilde: „Sieh', es lacht die Au!" (Abb. 84) stammt aus der Umgegend von San Domenico, wo der Künstler später seine Tage beschloß. Es ist ihm kaum je besser als in diesem Bilde gelungen, durch den Klang der Farbe froh und frei zu stimmen. Alles lacht und jauchzt hier, nur nicht die Frauen, die durch diese lachende Natur wandeln. Deren Bekehrung zu froher Laune steht erst noch bevor. Fruchtbar an Werken vom höchsten Werte war das Jahr 1888, das den „Kentaur in der Dorfschmiede" brachte, vielleicht ein Reminiszenz an das frühere Bild, auf dem sich der Teufel seine Hufe beschlagen läßt, die köstliche „Susanna im Bade", die farbenprächtigen Bilder „Vita somnium breve", „Frühlingshymne" und die „Lebensinsel" sowie das eigenartige Bild „Judith". Die humorvolle Darstellung der Susanna im Bade verdankt ihr Dasein einem Racheakt des Künstlers, von dem Lasius zu erzählen weiß. Böcklin, ärgerlich darüber, daß die Kunsthändler an seinen Werken oft so viel mehr verdienten als er selbst, hatte mit einem von diesem, der auf anständige Bedingungen nicht eingehen wollte, gebrochen. Der Kunsthändler aber verstand es trotzdem, bei Böcklin durch Mittelspersonen Bilder zu billigen Preisen herauszulocken und als der Künstler ihn endlich durchschaute, malte er in eins der auf Umwegen bestellten Bilder — eben diese Susanna im Bade (Abb. 86), als die feiste, schwitzende Jüdin in ihrem üppig blühenden Fett — **die Gattin jenes Kunsthändlers**. Das Bild ist aus noch einem Grunde gegenständlich interessant. Es beweist das fabelhafte Formengedächtnis Böcklins. Die beiden Prachtkerle, welche diese Susanna belauschen, sind die genauen Konterfeis hebräischer Händler, die Böcklin einmal in seiner frühesten Jugend gesehen und deren Bild ihn nie verlassen hatte.

Abb. 101. Der rasende Roland. 1900. Nach Ariost. (Zu Seite 120.)

Vita somnium breve (Abb. 87) zählt wohl zu den Gipfeln in der Kette des Böcklinschen Lebenswerkes. Nach mannigfachen Versuchen und Erwägungen hat sich das Bild zu dieser Form verdichtet, zu einer der originellsten und bedeutsamsten von den zahllosen Darstellungen der vier Lebensalter, welche die alte und die neuere Kunstgeschichte kennt. Verschiedene frühere Ideen und Motive erscheinen in dem Werke verschmolzen, das sicherlich selber eins seiner Lieblingswerke war. Es entstand im freundlichen Idyll seines Züricher Lebens und zu den spielenden Kindern, die den Bach hinunter Blüten schwimmen lassen, gab sein eigenes Enkelchen, des Bildhauers Peter Bruckmanns Sohn, das Modell ab. Ursprünglich hatte der Künstler statt der einfachen Inschrift „Vita somnium breve" über den Brunnen eine ganze Strophe auf eine Schrifttafel geschrieben: „Die Jugend ist ein Morgen — Voll Licht und ohne Sorgen, — Jedoch sie hält nicht an. — Das Kind wird Weib, wird Mann. — Es folgt ein rastlos Streben — Nach höherem Glück im Leben, — Bald Freude und bald Not, — Zuletzt der süße Tod." Hiermit war Böcklin ausnahmsweise einmal über die sonst so streng eingehaltenen Grenzen der reinen Malerei hinausgeraten und er verbesserte auch bald den offenbaren Mißgriff mit der Schrifttafel, die Floerke nicht übel als Abreißkalender verspottete. Lieblicheres als die im Grase spielenden Kleinen hat der Meister schwerlich geschaffen und stärker Erschütterndes als den Tod, der mit einem Prügel nach dem gebrechlichen Greise ausholt, auch nicht. Zum Farbigsten, was er schuf, gehört die „Frühlingshymne" (Abb. 88), auch unter dem Namen „Die drei Grazien" bekannt. Hier ist alles in den frischesten, heitersten Tinten angelegt, die verschiedenartigen Bäume und Sträucher zeigen jene bunte Färbung, die jungkeimende Laubknospen oft im Frühling haben, das Wasser und der weißblaue Himmel, das rosige Fleisch der drei Frauen-

Abb. 102. Die Pest. 1898 begonnen. Museum zu Basel. (Zu Seite 98 und 122.)

gestalten und ihre glänzenden Gewänder. Alles wetteifert an Farbe und steigert sich gegenseitig in der Wirkung. In der Anwendung prismatisch reiner Farbentöne ist der Maler nicht leicht weitergegangen. Und doch ist auch in diesem Bilde die Farbe mit jener Ökonomie angewendet, die Böcklin nie vergißt. Die Mengen der einzelnen Farben, so intensiv sie auch strahlen mögen, sind immer gering. Hier steht er in fundamentalem Gegensatz zu den Koloristen moderner, namentlich französischer Schule, die ihre starken farbigen Wirkungen meist nur mit großem Aufwand an Farbmaterial erreichen. Von unbeschreiblicher Innigkeit des Eindrucks ist die „Heimkehr", in ihrer vollen Harmonie warmer und tiefer Töne. Ein Wanderer in altertümlichem

Gewande, wohl ein Schweizer Landsknecht, ist in den Abendstunden eines Herbsttages heimgekehrt und sieht nun, auf dem Rande eines Wasserbeckens sitzend, im Tale unten das Vaterhaus liegen. Durch die Seele dieses Mannes hindurch ist die ganze herrliche Landschaft gesehen und die Empfindung ist merkwürdig vertieft durch die spiegelnde Wirkung des Wassers. Die Landschaft ist unmittelbar einem Motiv, dem Stöckentobel bei Zürich, nachgebildet.

Ganz andere Töne schlug der Künstler wieder in der Judith (Abb. 89) an, einem Bild, das merkwürdig in die allgemeine „facies" der Kunst um 1888 herum hinein-

Abb. 108. Der Froschkönig, Herme. (Zu Seite 120.)

stimmt. Es ist, als habe sich der Maler versucht gefühlt, zu zeigen, daß er da auch mittun könne. Und ob er's konnte! Der Lebensinsel (Abb. 90) wurde schon gedacht; sie ist halb als zweite Version der Gefilde der Seligen, halb als Gegenstück zur Toteninsel zu nehmen. Im Jahre 1889 sind die zwei ersten vollendeten „Lesarten" des Kampfes auf der Brücke entstanden, die eine auf hoher Steinbrücke, figurenreich, ein Kampf von Römern und nackten Barbaren, die andere auf niederem Steg über tiefem Wasser (Abb. 91). Man könnte die erste Auffassung fast als eine Paraphrase über Rubens' Amazonenschlacht in der Münchener Pinakothek ansehen, als eine Huldigung an den großen Vlamen, den Böcklin ob der üppig schwellenden Lebensfülle

seiner Kunst so hoch geschätzt hat, daß er meinte, in diesem Punkte sei Tizian ein
Nachtwächter gegen ihn. Eine erst 1862 vollendete Fassung des Brückenkampfes soll
schon zehn Jahre früher begonnen worden sein. Sie ist die schönste und in ihrer
wilden Bewegtheit rubensischeste von allen dreien.

Mit den oben erwähnten Bildnissen „Gottfried Kellers" — das unsere
(Abb. 92) ist wegen seiner dekorativ-zeichnerischen Auffassung, die bei Böcklin sonst nicht
wieder vorkommt, besonders interessant — ungefähr gleichzeitig entstand auch der
Entwurf zur „Gottfried Keller-Medaille", welche dann A. Scharff in Wien,
sehr zu Böcklins Zufriedenheit, ausführte. Es ist rührend, bei Frey nachzulesen,
welche Sorgfalt Böcklin an diese ihm liebgewordene Aufgabe wandte. Mit einer
anderen Medaille, um die er sich bemühte, die für das Jubiläum der Schweizer Eid-
genossenschaft, machte er aber um so schlimmere Erfahrungen. Nach langem Versuchen
und Unterhandeln, wobei sich seine Mitbürger wieder einmal nicht viel weniger banau-
sisch zeigten als einst die Baseler, bekam der Pariser Dubois die Medaille zur Ausführung. Aus Böcklins Entwurf aber wurde das bekannte kreisrunde Bild der „Freiheit" (1891). In Zürich hat der Meister begonnen, eine Anzahl von Triptychen und
andern mehrteiligen Bildern zu malen; der Ueberfülle dessen, was er zu sagen hatte,
entsprach das einfache Bild nicht mehr. Von diesen Arbeiten sind die erste „Mariensage" (1890) und die letzte, „Horch, der Hain erschallt von Liedern ..." wohl die
schwächsten, so reich auch diese Werke an Einzelschönheiten sein mögen. Am wenigsten
gelungen scheint an der Mariensage das Mittelstück, die Madonna — die Einzige
übrigens, die Böcklin als jugendliche Mutter darstellt. Um so schöner ist dafür die
erst 1895 vollendete „Venus genitrix" (Abb. 98), eins der letzten vollkommen aus-
geführten größeren Werke des Meisters, und zugleich eins der farbenprächtigsten seines
Altersstils. An diesem Bilde hat er noch mit voller Freude gearbeitet und in seine
reiche Farbenskala sind, sozusagen, alle Erfahrungen seines Lebens hineingearbeitet.
Von hoheitsvoller Anmut ist die Mittelfigur, von üppiger koloristischer Pracht die
italienische Familienszene des rechten Seitenflügels. Als Werk seines satirischen Humors

Abb. 104. Böcklins Villa in San Domenico. (Zu Seite 122.)

119

Abb. 105. Aus Böcklins Villa in San Domenico. (Zu Seite 122.)

muß man den „Heiligen Antonius, den Fischen predigend", auffassen (Abb. 96). Oben predigt der asketische Heilige den Fischen — ein feister Hai mit heuchlerisch verdrehten Augen und fromm gefalteten Flossen ist bis auf die Ufersteine herausgekrochen, um zuzuhören. Unten auf der Predella jagen die gefräßigen Raubtiere wieder lustig nach Beute, und die Großen fressen die Kleinen.

In den letzten Züricher Jahren entstand noch der „Gang zum Bacchustempel" (Abb. 93), der an festlicher Heiterkeit der Farbe der Frühlingshymne nicht weit nachsteht. Auch hier die klarsten Farben des Prismas in kühnster Verwendung! Von allen Dingen, welche manche Leute Böcklin nicht verzeihen können, sind ihnen diese Farben vielleicht das „Unverzeihlichste", und es wird noch geraume Zeit vergehen, bis sich die allgemeine Bewunderung auch auf diese Selbstherrlichkeiten erstreckt, bis die Menge weiß, daß diese Selbstherrlichkeiten auch wirklich Herrlichkeiten sind. Das tief nachdenkliche Bild „Armut und Sorge", das jetzt der Karlsruher Gemäldegalerie gehört und 1890 fertig wurde, muß einem besonders um der rührenden Gestalt der „Armut" willen lieb sein; in ihr lebt der ganze Reichtum und die ganze reine Naivität der Seele Böcklins. Das Jahr 1891 brachte die „Tochter der Herodias" mit dem Haupte des Täufers (Abb. 94) und als letzte edle Frucht der Züricher Jahre „Die beiden Alten in der Gartenlaube" (Abb. 95), gewiß in vieler Hinsicht eines der merkwürdigsten Bilder Arnold Böcklins, sowohl was den Inhalt, als was die Farben- und Raumökonomie der Arbeit angeht. Als der Künstler an dies Bild ging, war seine Gesundheit bereits angegriffen und er spürte die Gebrechen des Alters manchmal schon recht deutlich. Er hatte freilich noch ein Jahrzehnt Leben vor sich, aber in seiner ungeheueren Tätigkeit hatte er doch schon viel von seiner Kraft ausgegeben. So kann man wohl in dem Alten, der so müde vor den bunten Beeten des Gartens sitzt, sein eigenes Sinnbild vermuten. Die

Reproduktion in Schwarz gibt gerade von diesem Bilde leider nicht viel mehr, als ein Skelett; hier kommt tatsächlich alles auf die Farbe an. Übrigens wurde die Idee ursprünglich nicht durch einen Gedanken der Wehmut angeregt, sondern einfach durch den Anblick eines Gartenhauses beim Vater von O. Lasius in Zürich und die Impression eines Gartens bei heißer Frühlingsluft, aus dessen dampfendem Boden die Tulpen und Hyazinthen hervorragten, daß die Pflanzen vor des Künstlers Augen gleichsam wuchsen. Diesen Anblick hielt Böcklin fest und flugs „war das Bild in seinem Kopfe fix und fertig". Die Gestalten der müden Greise sind in erster Linie bestimmt wieder, dem Prinzip der Kontraste zuliebe, als Gegensatz zu der Treibe- und Werdestimmung des Gärtleins entstanden und gerade durch diesen Gegensatz wirkten sie so ergreifend.

In den Züricher Jahren hat sich Böcklin wiederholt plastischen Bestrebungen zugewendet und allerhand Schönes und Merkwürdiges zusammen mit seinem talentvollen Schwiegersohn Peter Bruckmann ausgeführt. „Die Brunnenherme mit dem Froschkönig" (Abb. 103) ist wohl die merkwürdigste von diesen Früchten gemeinsamer Arbeit. Böcklin interessierte sich lebhaft für das Werk, das er selbst bemalte. In Berlin ist die phantasievolle Herme auf Wunsch der Kaiserin Friedrich dann von der Ausstellung weg in den Keller gebracht worden. Ein Pendant dazu, ein Meergott, ging mit einem Gorgonenschild und einer lichttragenden Sklavin 1885 auf dem Wege zur Berliner Ausstellung für farbige Plastik zugrunde. Der Gorgonenschild wurde mit Bruckmann zusammen ein zweites Mal hergestellt. Auch ein paar Reliefs, von Böcklin bemalt, von dessen Schwiegersohn modelliert, existieren und eine auf gleichem Wege entstandene Büste von des Künstlers Gemahlin. Arnold Böcklin war, wie er erwähnt, ein leidenschaftlicher Verfechter der Polychromie in der Bildhauerkunst, worin ihn sein Studium der Alten nur bestätigen konnte. „Die alten Griechen mit ihrem ausgesprochen feinen Farbengefühl hätten sich bedankt für solch weiße Gipsgespenster! Das ist nur so eine Idee der Herren Kunstgelehrten. Die alten Statuen waren alle mehr oder weniger polychrom!" sagte er.

Im Herbst 1891 kam Böcklin mit einer Krankheit der Atmungsorgane von einer Reise nach Berlin zurück — er war während der sogenannten Züricher Zeit überhaupt mehrfach auf Reisen — und im Frühling darauf traf ihn der erste Schlaganfall. Er suchte Heilung an der Meeresküste des Südens und fand sie auch. In einem seltsamen Fall einer sehr lästigen Erkrankung, über die sich die Ärzte erst durchaus nicht klar waren, brachte ihm ein Seebad plötzliche Erleichterung. Er hielt sich wiederholt in San Terenzo am Golf von La Spezia auf, wo jene „Villa am Meer" mit dem bunten Teppichbeet über den wilden Strandfelsen und 1893 das „Selbstbildnis" des Künstlers an seiner Staffelei entstand, dann in Villa Torre Rossa bei Fiesoli und anderen Punkten. Der stete Wechsel des Wohnsitzes in dieser Zeit hängt vielleicht auch mit dem Suchen nach einem Ort zu dauernder Niederlassung zusammen. Vom Herbst 1893 bis Frühjahr 1895 wohnte er wieder in Florenz mit leidlich hergestellter Gesundheit. Zu Beginn des Jahres 1894 fühlte er sich sogar ziemlich frisch und alsbald stand eine Reihe neuer Bilder auf seiner Staffelei. Nach dem Francesco da Rimini (Abb. 97), dessen Arrangement fast an pompejanische Wandbilder erinnert — Böcklin beschäftigte sich damals wieder eingehend mit Untersuchungen über die Malerei der Alten — ging er an die Venus genitrix, den Orlando, die Villa am Meer, welche er, wie die letzte Version der „Nacht" für die Bilderhändler Henneberg malt. Der rasende Orlando war bei des Künstlers Tode noch unvollendet und ist in seiner ganz neuartigen, noch feiner differenzierten Farbigkeit ein Beweis, wie viel der Maler Böcklin noch zu sagen hatte. Was an dem Bilde fertig ist, ist von ebenso starker als feiner Wirkung, z. B. der Karren mit den Booten, die in die Luft hinausfliegende Gestalt, die in Wahrheit dem Eindruck unserer Autotypie (Abb. 100) entgegengesetzt, warm und hell gegen den kalten, schweren Himmel steht. Das rechte Flügelbild der Venus genitrix (Abb. 98) ist von ähnlich starker Farbigkeit. Nach dem interessanten Polyphem (Abb. 99) und einer Landschaft mit

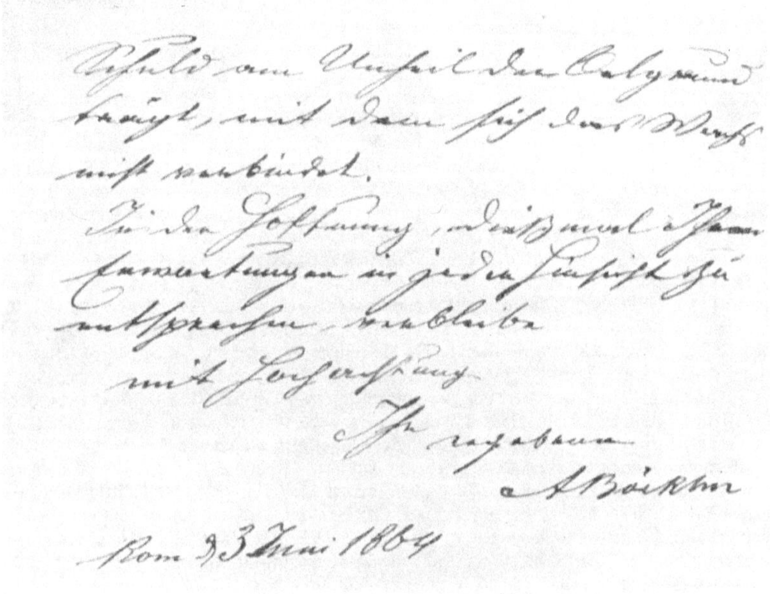

Schuld am Unheil das Cab? und
trägt, mit dem sich der Mensch
nicht verbindet.

In der Hoffnung, daß meine
Bemerkungen in jeder Hinsicht zu
entsprechen, verbleibe
 mit Hochachtung
  Ihr ergebener
   A Böcklin

Rom d 3 Mai 1864

---

verheissenen Juwelen.

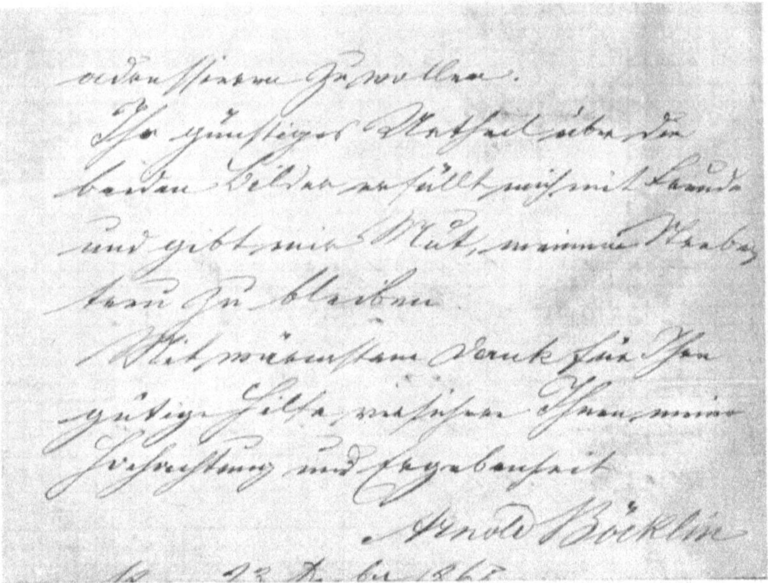

Ihr günstiges Urtheil über die
beiden Bilder erfüllt mich mit Freude
und giebt mir Muth, meinem Streben
treu zu bleiben.

Mit wiederholtem Dank für Ihre
gütige Hilfe, empfehlen Ihnen meine
Hochachtung und Ergebenheit
    Arnold Böcklin

R. 23 X. br 1865.

Abb. 106. Briefe Arnold Böcklins. (Zu Seite 48.)

jagender Diana erhob er sich noch einmal zu seiner vollen Höhe in seinem „Krieg". Das Bild stellt nicht sowohl den Krieg, als eine freie Behandlung des Themas der Apokalyptischen Reiter dar und ward zuerst (mit vier Gestalten und einer italienischen Landschaft) in kleinerem Format vollendet. Viel bedeutsamer ist das zweite, größere, in Nebendingen nicht ganz vollendete Bild, das unsere Abbildung 100 wiedergibt. Wilder, grausiger, nervenerschütternder hat den „Schrecken" noch keiner gemalt. Und welche Farben! Als Nachklänge alter Lieblingsmotive erschienen noch 1897 „Pan und Dryaden", 1898 die „Kapelle" (Ruine am Meer), eine unvollendet gebliebene „Melpomene", dann „Dejaneira und Nessus", eine wunderschöne „Melancholie", an der nur der Kopf vielleicht noch nachbessernder Retouchen bedurft hätte, und das wenigst glückliche der Tryptichen: „Horch! der Hain erschallt von Liedern", an dem wirklich deutliche Spuren des Alters zu merken sind. Ein „Flötender Pan", von einem Kinderreigen umgeben, soll 1898 noch in Arbeit gewesen sein, ebenso die schon erwähnte „Pest" (Abb. 102). Daß dies letzte Bild, aus der „Cholera" von 1876 hervorgegangen, nicht mehr fertig wurde, ist besonders schmerzlich; klingen darin doch die kühnsten koloristischen Noten, die Böcklin je gewagt hat.

Im April 1895 zog der fast Achtundsechzigjährige in die Villa zu San Domenico bei Fiesole hinaus — sein eigenes Heim! „So habe ich endlich eine Heimat, nachdem ich lange genug herumgetrieben worden als heimatloser Vagabund," schrieb er, wie H. A. Schmid mitteilt, damals an seine Schwester. Und die spät erworbene Heimat war des großen Mannes wert! Von allen Seiten umgaben ihn landschaftliche Schönheiten (Abb. 104), wie er sie auf früheren Bildern oft geschildert und im Hause selbst war Wohlhabenheit und Behagen. Unser Bild 105 gibt einen Raum aus der Villa wieder. An der Wand hängt der unvollendet hinterlassene Paulus, Dejaneira und Nessus und rückwärts das schöne, ernste Selbstbildnis von 1873.

In San Domenico hatte der Meister all seine Lieben um sich versammelt und genoß, so weit ihn die arg geschwächte Gesundheit dazu kommen ließ, seinen Lebensabend mit Behagen. Hier verlebte er auch seinen siebzigsten Geburtstag, der in Basel durch eine großartige Böcklinausstellung, in ganz Deutschland durch Feste, Publikationen und auf alle mögliche andere Weise gefeiert wurde. Von dieser Zeit an, die wohl im Gemüt des Langverkannten tiefe und nicht durchweg freundliche Eindrücke hinterlassen haben mag, drückte die Wucht des Alters ihn immer schwerer. Sein Sprachvermögen war durch wiederholte Schlaganfälle behindert, das Gehen wurde ihm hart. Am 16. Januar 1901 ist er nach kurzem Kranksein sanft entschlafen. Ein wehes Klagen ging durch die deutsche Kulturwelt — das offizielle Deutschland aber legte nicht einmal einen Kranz auf seinen Sarg!

Auf den Menschen Böcklin, auf die vielen und verschiedenartigen Interessen, die ihn auch neben der Kunst bewegten, auf seine Gesinnungen und Meinungen einzugehen, fehlt hier leider der Raum, der nur eben genügte für eine knappe Übersicht seines künstlerischen Werdens und Schaffens. Es wäre höchst anziehend, zum Beispiel über seine Bestrebungen zur Lösung des Flugproblems zu berichten, das ihn so sehr beschäftigte, daß er in Momenten dieser Forscher-Erregung seine ganze Kunst gering achten konnte im Verhältnis zu dieser Aufgabe. Böcklin war übrigens auf dem Gebiete der Fluchttechnik nicht etwa ein Phantast und Dilettant, sondern er arbeitete so ernsthaft und zielbewußt, daß Helmholtz den von ihm eingeschlagenen Weg sehr günstig beurteilte. Das preußische Kriegsministerium hat sich für ihn interessiert, Werner Siemens wollte sich seiner Ideen annehmen, starb aber — und Böcklin wurde durch zwei Schlaganfälle am Weiterführen dieser Ideen gehindert. Welche Rolle die Musik in seinem Leben und Wesen spielte, ist angedeutet worden. Er nahm an allen Tagesfragen lebhaften Anteil und die Aufregung seines letzten Lebensjahres bildete, wie Schmid erzählt, das Schicksal der Buren, das er mit schmerzlicher Teilnahme und ohne Hoffnung verfolgte! Er war immer auf der Seite des Rechtes! —

Was er uns sein wird für die deutsche Kunst? Wir wissen kaum noch recht, was er uns ist! Noch lange nicht genug, was er war! Was sich heute für den höchsten künstlerischen Fortschritt hält, fängt schon wieder an, ihn genau so zu bekritteln, wie jene, die einmal die kläglichste Reaktion bedeuteten. Jene Strömung, welche alle innere Bedeutung im bildnerischen Kunstwerk zugunsten einer virtuosen und raffinierten äußeren Mache preisgeben will, kann freilich nicht mit dem Maler fertig werden, dessen Bilder den tiefsten persönlichen Gehalt von allen Bildern des Jahrhunderts hatten. Und die Internationalität, die sie auf die Fahne geschrieben haben, paßt auch schlecht zu dem urgermanischen Wesen unseres Meisters. Sie werden aber wohl bald abgehaust haben mit ihrem Evangelium von der allein seligmachenden Impression. Inzwischen dringt Böcklins Kunst immer tiefer ins deutsche Volk und hoffentlich auch in die heranwachsende künstlerische Jugend, und die nächste Generation tritt dann vielleicht das gewaltige Erbe an, das uns Meister Arnold hinterlassen hat. Und das Größte, was er uns als Vorbild hinterließ, ist nicht seine glanzvolle Farbenkunst und sein Pfadfindertum nach den Wunderlanden der Phantasie — dieses Größte besteht in der vollendeten Hoheit und Reinheit seiner künstlerischen Gesinnung!

Verzeichnis der Abbildungen.

Abb.		Seite
	Flora. (Farbiges Titelbild.)	
1.	Landschaft mit Burgruine. 1847	2
2.	Felsschlucht im Mondschein. 1848/49	3
3.	Römische Landschaft. 1852	5
4.	Römische Landschaft. 1852	6
5.	Syrinx flieht vor Pan. 1854. Gemäldegalerie, Dresden	7
6.	Kentaur und Nymphe. 1855. Nationalgalerie, Berlin	8
7.	Entwurf zu Kentaur und Nymphe	9
8.	Zeichnung zu Faun und Nymphe. 1856. Nationalgalerie, Berlin	10
9.	Pan im Schilf. 1857. Neue Pinakothek, München	11
10.	Wandgemälde im Hause Wedekind. 1858. „Zeit der Kultur"	12
11.	Wandgemälde im Hause Wedekind. 1858. Brennende Burg	13
12.	Pan erschreckt einen Hirten. Schackgalerie, München	14
13.	Die Jagd der Diana. 1863. Museum, Basel	15
14.	Bildnis Franz Lenbachs. 1860—1862	16
15.	Bildnis der Tragödin Fanny Janauschek. 1860—1862	17
16.	Faun einer Amsel zupfeifend. Zweite Fassung. 1864—1865	18
17.	Bildnis von Frau Böcklin. 1863?	19
18.	Villa am Meer. Erste Fassung. 1864. Schackgalerie, München	21
19.	Altrömische Weinschenke. Erste Fassung. 1865. Schackgalerie, München	22
20.	Daphnis und Amaryllis. 1866. Die Klage der Hirten	23
21.	Trauer der Magdalena. 1868. Museum, Basel	24
22.	Frühlingsreigen (Wiesenquelle). 1869. Dresdener Galerie	25
23.	König David. 1868. Fresko im Sarasinschen Gartenhaus	26
24.	Magna mater. 1868—1870. Fresko. Museum, Basel	27
25.	Medusa. 1868—1870. Fresko. Museum, Basel	28
26.	Kritikus. Fresko. Museum, Basel	29
27.	Karton zur Flora. Fresko. Museum, Basel	31
28.	Die Geburt der Venus. 1869	32
29.	Mörder von Furien verfolgt. 1870. Schackgalerie, München	33
30.	Die Felsschlucht. 1870. Schackgalerie, München	34
31.	Frühlingslandschaft. 1870. Schackgalerie, München	35
32.	Der Ritt des Todes. 1871	37
33.	Sandsteinmaske von der Baseler Kunsthalle. 1871	38
34.	Sandsteinmaske von der Baseler Kunsthalle. 1871	39
35.	Sappho. 1871	40
36.	Selbstbildnis. 1872. Nationalgalerie, Berlin	41
37.	Melancholie. 1871	43
38.	Überfall einer Meeresburg durch Seeräuber. 1872. Schlesisches Museum, Breslau	44
39.	Bildnis der Tochter des Künstlers (Frau Klara Bruckmann). 1872/73	45
40.	Pietà. 1879. Nationalgalerie, Berlin	46
41.	Triton und Nereide. 1873/74. Schackgalerie, München	47
42.	Ceres und Bacchus. 1874	48
43.	Pan und Nymphe. 1874	49
44.	Frühlingsstimmung. Zwischen 1871 und 1874	50
45.	Sirenen	51
46.	Lautenspielerin. 1875. Schlesisches Museum, Breslau	52
47.	Idylle. 1875	53
48.	Bildnis Adolf Bayersdorfers	54
49.	Flora, Blumen streuend. Karton zu einem Glasfenster. 1875	55
50.	Flora, die Blumen weckend. 1876	56
51.	Pietà. 1877	57
52.	Charon. 1877	58
53.	Die Gefilde der Seligen. 1878. Nationalgalerie, Berlin	59
54.	Kentaurenkampf. 1878	61
55.	Bildnis der Frau von Guaita	62
56.	Die sterbende Kleopatra. 1878	63

Verzeichnis der Abbildungen.

Abb.		Seite
57.	Ruggiero befreit Angelica. 1879. Nach Ariost	64
58.	Die Meeresbrandung. 1879. Gemäldegalerie, Berlin	65
59.	Frühlingsabend. 1879	66
60.	Selbstbildnis Ende der siebziger Jahre	67
61.	Am Quell. 1879	68
62.	Sturm am Meer. Vorstufe des Heiligtums des Herakles. 1877—1879?	69
63.	Die Toteninsel. Erste vollendete Fassung. 1880. Besitzer Graf Oriola	70
64.	Die Toteninsel. Dritte Fassung. 1883. Besitzerin Frau Schön-Ring	71
65.	Tritonenfamilie. 1880. Museum, Magdeburg	72
66.	Ruine am Meer. Zweite Fassung. 1883?	73
67.	Sommertag. 1881. Gemäldegalerie, Dresden	74
68.	Veritas. 1881	75
69.	Quell in der Felsschlucht. 1881	76
70.	Der heilige Hain. 1882. Museum, Basel	77
71.	Dichtung und Malerei. 1882	79
72.	Der Kampf auf der Brücke. 1882. Nach Ariost	80
73.	Prometheus. Erste Fassung. 1882	81
74.	Odysseus und Kalypso. 1883. Museum, Basel	82
75.	Im Spiel der Wellen. 1885. Neue Pinakothek, München	83
76.	Im Meere (Seetingeltangel). 1874	84
77.	Das Heiligtum des Herakles. Zweite Fassung. 1884	85
78.	Faune belauschen eine Nymphe. 1884 begonnen	86
79.	Bacchanal (Oktoberfest). 1885?	87
80.	Selbstbildnis von 1885	88
81.	Das Spiel der Najaden. 1886. Museum, Basel	89
82.	Herbstgedanken. 1886	91
83.	Meeresstille. 1887. Museum, Basel	92
84.	Sieh', es lacht die Au! 1887	93
85.	Meeresidylle. 1887. Moderne Galerie, Wien	94
86.	Susanne im Bade. 1888	95
87.	Vita somnium breve. 1888. Museum, Basel	97
88.	Frühlingshymne. 1888. Städtisches Museum, Leipzig	99
89.	Judith. 1888	100
90.	Die Lebensinsel. 1888	101
91.	Römerschlacht. Zweite Fassung. 1889.	102
92.	Bildnis Gottfried Kellers. 1889	103
93.	Der Gang zum Bacchustempel. 1890	104
94.	Die Tochter der Herodias. 1891.	105
95.	In der Gartenlaube. 1891. Künstlergesellschaft, Zürich	107
96.	Der heilige Antonius predigt den Fischen. 1892	108
97.	Francesca da Rimini und Paolo Malatesta. 1893	109
98.	Venus Genitrix. 1895	111
99.	Polyphem. 1896	112
100.	Der Krieg. Zweite Fassung	113
101.	Der rasende Roland. 1900. Nach Ariost	115
102.	Die Pest. 1898 begonnen. Museum, Basel	116
103.	Der Froschkönig, Herme	117
104.	Böcklins Villa in San Domenico	118
105.	Aus Böcklins Villa in San Domenico	119
106.	Briefe Arnold Böcklins	121